프로방스에서 쌀 팔러 갑니다

프로방스에서 쌀 팔러 갑니다

2023년 3월 27일 제 1판 인쇄 발행

지 은 이 | 김정숙
펴 낸 이 | 박종래
펴 낸 곳 | 도서출판 명성서림

등록번호 | 301-2014-013
주　　소 | 04552 서울시 중구 삼일대로8길 17 3~4층(충무로 2가)
대표전화 | 02)2277-2800
팩　　스 | 02)2277-8945
이 메 일 | ms8944@chol.com

값 14,000원
ISBN 979-11-92945-21-7

※ 잘못 만들어진 책은 바꿔드립니다.
　 이 책 내용의 일부 또는 전부를 재사용하려면
　 반드시 저작권자의 동의를 얻어야 합니다.

프로방스에서 쌀 팔러 갑니다

김정숙

도서출판 명성서림

"인생에서 가장 중요한 것이 충만한 삶을 즐기는 것일진대 나는 무엇 때문에 거절당할까 두려워하고 하고 싶은 일을 훗날로 미루었던 것일까"

— 파울로 코엘료『순례자』중에서

프롤로그

부부에게 서로 맞는 취향이 단 하나만 있어도 그 부부는 행복한 노후를 보낼 수 있다. 다행히 우리 부부는 둘 다 여행을 즐긴다.

교사로 재직하던 남편이 방학을 맞이하면 우리는 여행을 떠났다. 짧은 여행은 언제나 아쉬움을 남겼다. 야금야금 줄어드는 시간이 아까워 새벽 일찍 일어나서 밤늦게 잠들며 여행지에서의 하루를 남보다 길게 늘여 썼다.

그때 약속을 했었던 것 같다. 우리가 은퇴 후 주관적인 결정을 내려야 할 시기가 오면 제일 먼저 조금 긴 여행을 떠나자고, 하지만 은퇴자의 삶은 한여름 매미 소리처럼 지루하기만 했다.

어느 날, TV에서 '순례자의 길'이란 프로를 방영하였다. 프랑스 남부 국경에서 피레네산맥을 넘어 스페인 산티아고까지 800Km 여정을 걸어서 가는 성지순례였다. 무력한 영혼의 심지에 불이 댕겨지는 느낌이었다. 가슴이 설풋 뛰었다. 문득 가보고 싶다, 라는 생각이 들었다.

가보고 싶다….
가고 싶다….
갈까?
가자.

결정은 빨랐지만 준비 기간은 길었다. '남 프랑스'로 여행지가 정해지고 따뜻한 계절인 오월에 떠나기로 날짜를 잡으면서 분주해졌다.

가을과 겨울 동안 꾸준히 여행 준비를 했다. 준비라는 게 단 몇 시간 만에 마칠 수 있는 것이 있는가 하면 오랜 기간을 요구하는 것도 있다. 여행 중에 가장 중요한 것은 건강을 지키는 일이다. 헬스장에 등록하고 운동을 하며 몸을 관리했다.

아파트가 아닌 단독주택에 살고 있으므로 뜰 관리나 주변을 고치는 일 등도 미리 해 두어야 한다. 봄이 되면 마치 꽃에 접신한 사람처럼 꽃을 사들이곤 했다. 차 트렁크에 봄꽃들과 고추와. 상추, 토마토 깻잎 등 어린 모종을 가득 싣고 오면서 느끼는 즐거움은 어쩌면 여행보다도 더 즐거운 일이기도 하다.

봄이 되었지만, 화단에 꽃을 심지 않았다. 제때 모종해야 잘 자라는 옥상의 채소 박스도 그냥 빈 채로 놔두었다. 여행은 또 다른 즐거움을 포기하게 했다.

날이 풀리자 우린 매일 도서관으로 갔다. 그곳에서 중세시대의 이야기가 담긴 책과 르네상스 시대의 미술 관련 서적, 근 현대사를 이끈 화가들의 작품집, 프로방스 지역을 여행한 작가들의 기행 수필 등을 수북이 쌓아 놓고 한 계절을 오롯이 보냈다. 공부를 이렇게 열심히 했더라면 우리의 인생이 바뀌지 않았을까, 라며 농담을 했지만 이미 우리는 여행을 계획하기 전과는 너무나 다른 모습이었다.

아는 만큼 보인다는 말이 맞는다. 여행의 준비를 나름 단단히 했기 때문인지 40일의 여행 기간 하루도 힘들지 않은 날이 없었지만, 하루도 행복하지 않았던 적도 없었다.

프로방스에서의 날들은 매일 맑고 투명했으며 무엇보다도 허둥거리지 않아서 좋았다. 기차를 놓치면 다음 기차를 기다리면 된다. 배짱과 여유라곤 약에 쓸래도 없었던 내가 이곳에서 느긋한 여행가가 되었다.

눈으로 감상하고 사진으로 남기기만으로는 벅찬 감동이 내 감성을 건드렸다. 밤에 숙소로 돌아오면 낮에 본 풍경들을 새김질하여 글을 썼다. 순수하고 거침없는 민낯의 자연과 중세의 모습 그대로를 간직하고 있는 프로방스의 아름다운 마을들, 그 안에서 살아가는 사람들을 만나면서 마음속의 각질이 한 꺼풀 벗겨지는 듯한 느낌을 받았다.

하고 싶은 일을 훗날로 미루기엔 우리 인생은 너무나 짧다. 여행을 계획하고 떠나는 일이 그랬던 것처럼 글을 책으로 만드는 일도 꽤 오랜 시간이 필요했다.

더는 미루지 않기로 하였다. 누구나 떠나는 여행이지만 아무나 느낄 수 없었던 감동의 편린들을 모아 엮어내려고 한다. 사실은 내 삶 안에서 가장 아름다운 순간의 소중한 이야기를 털어놓고 싶었다.

내 가족과 나의 벗들에게, 친지와 독자들에게, 그중에 단 한 명이라도 나와 같은 꿈을 꾸는 이가 있다면 나는 그들의 꿈에 기꺼이 동행이 되어주고 싶다.

여행하면서 매일 설레었듯이 나는 지금 다시 설레고 있다.

2023년 봄
김정숙

목 차

프롤로그   5

Ⅰ. 밀밭에 부는 바람

여행을 설계하다   15
지금 나는 공항으로 간다   22
여전히 한국인이시군요   25
거미가 되었다   29
이른 아침 첫 손님   33
장밋빛 인생   37
낙원의 들판에서   42
내 곁에 에펠 탑   46
빵 맛   50
내 친구 안쯔이를 다시 만날 수 있을까?   55
천천히 오래오래   60
너의 미소의 의미   66
별과 와인 그리고 몽생미셸   70
밀밭에 부는 바람   73

Ⅱ. 누가 내 마음에 별을 달았을까

코스타쥐르 해변에서 네가 생각났어   79

니스에서 하지 말아야 할 두 가지   82

인생의 진짜 행복은 바라보는 것   87

부럽네요   92

칸에서는 나도 배우   98

가지의 속살처럼 부드러운 남자가 좋다   103

샤갈의 마을   107

화가 나면 실컷 울어도 돼   112

누가 내 마음에 별을 달았을까   117

비어 있는 하루   122

프랑스의 이태리 할아버지   127

마르세이유 다시 보기   130

마르세이유의 요리사   135

식스 센스   138

목차

Ⅲ. 그 섬에 내가 있다

그 섬에 내가 있다   145

여행의 위기   148

한국인이 없는 곳은 낭만도 없더라   151

만 원의 행복   155

분수의 도시   159

세잔의 옷   163

프로방스 풍의 잘 꾸며진 집   165

사라진 것은 사라지는 대로   171

아비뇽의 골목길   175

IV. 나를 붉게 물들이다

프로방스의 시골버스   181
고흐가 없으면 아를도 없다   184
물의 도시   192
오래된 마을의 느리게 가는 시간   195
나를 붉게 물들이다   199
사탕 가게 할머니   205
아주 오래된 기억   208
한 마리 오리처럼   212
아비뇽의 저녁 종소리   215
이번 여행에서 얻은 것은 너를 잃은 것이다   218
겉바속촉 한 나의 천사들   225
굳는 건 비누뿐만이 아니다   242
쌀 팔러 갑니다   247
바르셀로나의 노란 리본   251

에필로그   259

I

밀밭에 부는 바람

여행을 설계하다

언젠가 아이들이 "엄마는 무엇을 특별히 좋아하는지 알 수가 없어서 선물 사기가 망설여진다"라는 말을 했다. 아무렇지 않게 한 말이었지만 그 말을 듣는 순간 갑자기 우울해졌다.

참 많은 말을 하고 살았던 것 같은데 나 자신을 표현하는 데는 한참 모자랐던 것 같다.

나라고 어찌 좋아하는 것이 없을까? 예쁜 그릇들도 좋아하고 브랜드의 옷도 철 지난 것이 아닌 그해 유행하는 신상으로 사 입고 싶다. 뮤지컬이나 연극 관람을 하고 난 뒤 포장마차에 들러 밤에만 들을 수 있는 사람들의 떠드는 소리에 묻히고도 싶다. 그보다는 어딘가로 여행을 떠나고 싶다. 천천히 걷다가 머물다 가는 여행이 하고 싶다.

누군가에게 이끌려 바쁘게 다닌 여행지는 언제나 아쉬움이 남았다. 모로코의 페스 골목길에서는 하루를 전부 투자해도 지루하지 않을 것만 같았다. 시장 한편에서 양철 그릇에 못 자국으로 수를 놓는 아저씨의 유연한 손놀림을 오랫동안 앉아서 감상하고 싶기도 하고 크로아티아의 플리트비체에 가기 전 잠깐 들른 동화 속 그림 같은 마을 라스토케에서는 하룻밤 묵고도 싶었다. 가이드가 선심 쓰듯 정해 주는 시간에 맞춰 정신없이 다니다 보면 정작 보고 싶은 것을 지나치고 말 때가 가장 아쉬웠다.

슬로베니아에서 드브르브 니크로 가는 길에 국경 근처에서 갑자기 수많은 난민이 들이닥쳤을 때, 검문소에서 발이 묶인 긴 시간을 아까워만 한 게 너무나 죄스럽다. 지금이라면 자유를 향해 생명을 걸고 탈출한 사람들을 바라보며 안타까운 마음이라도 가졌을 텐데….

여행을 떠나기로 작정 한 날, 실없이 자꾸만 웃음이 나온다. 그리고 설렌다. 아직은 젊음이 한 꼬투리 남은 모양이다. 어떤 디자이너는 자신에게 맞는 옷을 시중에서 찾을 수 없어서 직접 디자인을 해서 입다 보니 어느덧 디자이너가 되었다고 한다. 우리의 여행도 우리의 속도에 맞게 직접 계획을 세워 보기로 했다.

언제

15년 전 영국에서 공부하는 딸아이와 함께 서유럽 배낭여행을 한 적이 있었다. 아이의 방학에 맞춰 떠난 7,8월 유럽 날씨는 연일 최고치를 치는 무더위로 도시는 마치 달궈놓은 가마솥과도 같았다. 그 해는 이상

기후로 인해 유럽뿐만 아니라 세계 곳곳에 폭염과 장마가 덮쳐서 유난히 몸살을 앓았던 해였다.

때마침 로마에서 폭염과 마주쳤다. 포로 로마노의 언덕길에서 더위에 녹아내릴 듯한 내 몸을 감당할 수 없었던 일을 생각하면 지금도 지친다. 아무리 역사 깊은 유적이라 해도 내리쬐는 햇볕 아래에서는 모든 게 흑백사진처럼 보였다. 그 이후로 더운 날엔 절대 여행을 하지 않겠다고 다짐을 했다.

9, 10월 단풍의 계절도 여행하기엔 알맞은 계절이다. 하지만 변덕스러운 유럽 날씨는 언제 차가워질지 모르기 때문에 날씨에 대비하여 두툼한 옷을 챙기다 보면 여행 가방은 자연히 무거워지게 될 것이다.

나는 일 년 중에서 오월을 가장 좋아한다. 딸아이가 결혼 날짜를 상의했을 때도 망설임 없이 오월을 택했다. 오월의 신부가 된 딸과 함께 결혼식장이 있는 지방의 국도를 달리면서 바라본 풍경은 눈이 부시게 아름다웠다. 식물의 잎은 오직 연두와 초록인 줄만 알고 있었는데 자세히 보면 오월의 나뭇잎은 다양한 색깔의 옷을 입고 있다. 어떤 이파리가 초록의 본바탕에 노랑을 더 많이 머금고 있느냐에 따라 연두…, 그린…, 네이비…, 네이비블루…, 퍼머넌트 그린…, 세루비안 블루… 등, 진하고 연한 나뭇잎들이 오월의 숲에서 푸른 숨을 내 쉬고 있다. 내 주변에 펼쳐진 아름다운 오월과 잠시 헤어지는 게 괜찮다면 오월에 여행을 떠나는 것이 바람직하다.

유럽의 오월은 낮이 길다. 많은 것을 보고 싶은 여행객에게는 해가 길어 낮 동안 충분히 즐길 수 있어서 좋다. 더구나 유럽은 이 시기가 비수기이다. 당연히 성수기와 비교하면 모든 요금이 저렴하다. 나는 오월에 여행을 떠나는 것을 주저하지 않았다.

어디로

　어디로 떠날까? 라는 말이 이처럼 가슴을 설레게 할 줄 몰랐다.
　초등학교 시절, 오빠들의 책꽂이에 꽂힌 세계문학 전집에서 처음으로 문학과 마주했다. 평소에 내가 읽었던 전기문이나 동화가 아닌 소설이라는 장르는 나에게 설렘을 가져다주었다. 그곳에서 알퐁스 도데가 지은 '별'을 만났다. 양치기 소년에게 점점 가까이 다가오는 주인집 딸의 모습을 프로방스의 아름다운 풍경으로 묘사한 내용은 지금도 문장 한 구절을 기억하고 있다.

　　'나뭇잎에 물방울 듣는 소리, 개천에 물이 좔좔 흘러넘치는 소리, 그 안에 섞여 노새의 방울 소리가 들리며 언덕 위로 점점 나타나는 스테파네트의 모습'

　이 글을 읽을 때면 나도 양치기 소년의 마음처럼 가슴이 뛰곤 했었다. 아마 그 무렵 나에게도 사춘기가 다가왔고 나도 양치기 소년처럼 누군가를 좋아하고 있지 않았을까? 라는 생각이 든다.
　푸른 언덕에 히스 꽃이 만발하고 밤이면 하늘에서 별이 쏟아지는 곳, 붉은 지붕을 얹은 집들이 모여 있는 마을 사이로 실개천이 흐르고 뤼베롱 산맥의 줄기가 이어진 들판에 양들이 한가롭게 풀을 뜯어먹고 있는 곳, 책을 읽으며 나는 프로방스의 벌판을 뛰어다니고 있었다.

영화 '파리로 가는 길'을 여러 번 보았다. 칸에서 파리로 가는 2박3일의 여정이 담긴 화면에는 어린 시절 내가 책을 읽으며 상상했던 프로방스의 아름다운 풍경들이 그대로 드러났다. 영화 속에 비친 풍경은 나를 이끌기에 충분했다. 처음엔 줄거리를 보았고 그다음에는 배경이 눈에 들어왔다.

프로방스의 넓은 들판과 낡은 수도교 아래에서 또는 중세의 무너진 성채를 바라보며 이성과 본능 사이에서 갈등을 느끼는 주인공 앤을 보며 다시 사춘기를 맞은 소녀처럼 가슴이 설레었다. 이제 내가 앤이 되어 볼 차례다.

오월의 프로방스를 여행지로 정하자는 내 의견에 남편도 동의하였다.

어떻게 갈까?

날짜와 장소가 정해지자 갑자기 준비할 게 많아졌다. 남편은 계획을 미리 세우고 그대로 실천하는 여행을, 나는 그때그때 사정에 따라 변화를 주는 유연성 있는 여행을 선호한다. 서로 의견이 어긋날 때도 있지만 시간이 지나면서 우리의 계획은 하나하나 완성되고 있다. 지금껏 살면서 이처럼 많은 대화를 나눈 적이 없었던 것 같다. 여행이 우리에게 주는 것 중의 하나를 이미 얻은 듯하다.

　가장 먼저 할 일은 항공권을 예약하는 일이다. 파리에 도착하여 여행을 한 뒤 바르셀로나에서 돌아오는 국적기로 예약을 했다. 우리 부부가 그동안 쌓아 둔 마일리지로 왕복 항공료는 해결되었다. 덕분에 여행경비가 훨씬 줄어들었다. 뭐든 열심히 모아둔 보람이 있는 것 같다.
　남 프랑스는 전세기 외에는 아직 우리나라에서 가는 직항편이 없다. 파리에서 다시 니스나 마르세이유로 가는 국내선을 타야 한다. 파리에서 니스로 가는 노선은 TGV로 정했다.
　교통은 도시 간 연결은 TGV로, 시내는 지하철보다는 버스나 택시, 또는 자전거를 빌려 타는 계획을 세웠다. 프로방스 내륙지방에서는 승용차를 랜트하는 것이 유익했다. 숙박은 호텔과 민박 에어비앤비 등 다양하게 체험을 하기로 했다. 중요한 것은 무거운 트렁크를 끌고 여행을 할 수 없으므로 한 도시를 거점으로 하여 일주일씩 머물면서 주변 도시를 둘러보는 것이다. 그렇게 우리의 여정이 완성되었다.

　* 파리 거점(옹필뢰르, 몽생미셸, 생 말로, 오베르 쉬르 우아즈, 지베르니)
　* 니스 거점(칸, 앙티브, 에즈, 모나코, 망통, 생폴 드방스, 무스티에 생트 마리, 베르동 협곡)
　* 마르세이유 거점(이프섬, 프리 울 섬)

* 살롱 드 프로방스 거점(릴 쉬르 라 소르그, 엑상프로방스)
* 아비뇽 거점(아를, 님, 퐁텐 드 보클뤼즈, 루시옹, 레보드 프로방스, 고르도)
* 바르셀로나(몬세라트, 시체스)

외국어라면 겁부터 나는 나와 달리 남편의 영어 실력은 생활하기에 불편하지 않을 정도로 꽤 수준급이다. 덕분에 비행기와 기차 호텔 예약, 자동차 랜탈 등은 남의 손을 빌리지 않고 직접 할 수 있었다.

처음 여행을 계획할 때는 은근히 아이들이 도와줄 것이라는 기대를 했다. 엄마 아빠가 여행을 떠나겠다고 할 때 자기 일처럼 기뻐하며 응원하던 아이들도 막상 준비를 시작하면서는 전혀 도와줄 기색을 보이지 않았다. 할 수 없이 전전긍긍 우리 힘으로 헤쳐 나가야만 했다.

때마침 프랑스의 기차 노조가 파업하면서 힘들게 예약한 TGV가 그 시간에 운행하지 않는다는 메시지가 왔다. 또다시 수정해서 예약해야 하는 번거로움이 있었지만, 이 모든 일을 해결해 줄 동반자가 있어 든든하다.

지금 나는 공항으로 간다

여행은 평소 내가 사랑하던 것들과 잠깐의 이별만 견딘다면 즐겁지 않을 이유가 없다.

함께 사는 반려견과 기르는 열대어, 그리고 뜰 안에 있는 화초와 올망졸망한 화분 앞에서 잠시 들뜬 마음이 가라앉지만, 이들과 나누는 아쉬움의 인사도 어쩌면 여행의 시작에서 느낄 수 있는 카타르시스일 수도 있다.

지면과 부딪혀 "돌돌돌" 소리 나는 캐리어의 바퀴소리를 들으며 집 앞 골목을 나서는 순간부터 여행은 시작된다.

공항으로 가는 길은 언제나 설렌다. 낯선 곳으로 떠나는 약간의 두려움조차 설렘에 묻혀버린다. 만남과 헤어짐, 떠나는 사람들과 돌아오는 사람들의 감정이 교차하는 공항 안의 술렁거림이 나는 좋다.

공항은 나와 인연이 깊다.

항공사에 근무하는 남편과 결혼하여 신접살림을 차린 곳이 공항과 이웃한 동네였다. 서울살이도 처음이지만 이처럼 가까이서 비행기를 바라보는 것도 처음이었다.

하늘에 떠 있는 비행기에 바퀴가 있는 것을 보는 것도 처음이고 뱃가죽을 훤히 드러낸 비행기의 동체를 바라보는 것도 처음이다.

비행기소음을 지겨워하는 이웃 사람들과 달리 나는 특별한 환경을 무덤덤하게 여겼다. 소리가 닫힌 방 안에서 창문 너머로 보이는 하늘 뷰는 너무나 평화로워 보였기 때문이다. 마치 은빛 비늘을 가진 커다란 물고기가 하늘 위를 헤엄치는 것만 같았다. 나는 그 모습을 꿈을 꾸듯 바라보곤 하였다.

꿈은 가끔씩 현실로 다가왔다. 비행기 안에서 전에 살던 동네를 내려다보는 일이 있을 때면 하늘이 아닌 바다를 헤엄치는 물고기의 눈으로 아득히 멀어지는 동네를 바라보곤 한다.

해외 출장으로 자주 비행기를 타야 하는 지인이 자기는 아직도 몇 백 톤이나 되는 육중한 물체가 하늘을 날아오른다는 게 신기할 뿐 아니라 돌풍을 만나 조금만 기내가 흔들려도 신을 찾는 자신이, 그럼에도 불구하고 비행기를 신뢰하는 게 더 신기하다고 하였다.

비행기를 타면 현실과 환상 중간쯤에 있는 나를 발견한다. 공항에서의 설렘과 달리 이륙할 때의 오금 저림은 삶의 반대편을 잠시 떠오르게 한다. 하지만 곧 어느 시간대에도 속하지 않는 창공의 시간 속을 유영하는 내 모습을 상상하면 나를 싣고 날아가는 비행기야말로 내 꿈의 날개라고 생각한다.

지금 나는 공항으로 간다. 공항이 가까워질수록 내가 없으면 안 되는 집안일들은 하나둘 나가떨어지고 나는 트렁크 하나가 전부인 단출한 여행자가 된다.

여전히 한국인이시군요

파리의 하늘은 구름 한 점 없이 맑다. 샤를 드골 공항에 도착할 시간이 가까워질수록 불안한 마음과 설렘이 묘하게 섞여서 자꾸만 마음을 다짐하게 된다. 무거운 트렁크를 들고 무사히 예약해 둔 호텔에 도착하려면 지금부터 정신을 바짝 차려야 할 것 같다.

파리는 여행자들의 천국이기도 하지만 여행자의 주머니를 노리는 자들의 천국이기도 하다는 말에 잔뜩 주눅이 들었다. 단지 그 이유 하나만으로 지갑을 풀더라도 편안하게 호텔로 갈 수 있는 길을 택하기로 했다.

예약해 둔 한인 택시 기사님이 남편 이름이 적힌 피켓을 들고 기다리고 있다.

"안녕하세요"

당연한 우리말 인사가 무척 친근하게 들린다. 이곳에서 오래 산 경

힘이 있는 한인을 만나면 제일 먼저 알아보고 싶은 게 있었다. 파리에 가면 소매치기를 조심하라는 말을 여기저기에서 많이 들었다. 이 말은 나를 가장 겁먹게 하는 정보였다.

"이곳에 소매치기가 많은가요?"

파리의 치안은 어떤가요? 라고 돌려 말할 걸 그랬나 보다. 차에 오르자마자 건네는 나의 첫 질문이 마땅치 않다는 걸 기사님의 뒤통수에서도 느낄 수 있었다. 그런 말은 어디에서 들었느냐고 되묻는다. 그 따위 말이라고 할 것을 참고서 하는 말처럼 들렸다.

"다들 지가 못나서 당한 것이니 조심만 하면 괜찮아요"

위로인지 핀잔인지 모를 말을 했다. 소매치기가 있기는 한가 보다 무릎 위에 얹어 놓은 손가방에 은근히 힘이 주어진다.

공항에서 시내 개선문 근처에 있는 호텔까지 가는 교통편은 아주 많았다. 14.5유로에 티켓 10묶음이 들어있는 카르네를 사면 지하철로 한 번이면 갈 수도 있고 17유로만 주면 개선문까지 가는 르 버스를 이용할 수도 있었다. 파리에 첫발을 내딛는 순간부터 불안해지고 싶지는 않았다. 그래서 거금 65유로나 주고 한인 택시를 이용한 것이다. 순전히 파리 곳곳에 있다는 소매치기에 대한 공포심 때문이었다. 오히려 그런 소문들로 인해 비싼 돈을 주고 한인 택시를 이용했다는 걸 알았다면 조금 더 친절하게 알려 줄 수도 있었을 텐데, 왠지 떨떠

름한 기분이 든다.

　이곳에서 20년을 살았다는 기사님은 이미 한국어를 잘하는 프랑스 사람이 되어있는 줄 몰랐다. 언어가 통하면 마음도 통할 줄 알았던 섣부른 생각에 난감해진다.

　우리의 이번 여행 중에는 한인이 운영하는 민박집을 숙소로 정한 곳도 있다. 낯선 타지에서 언어가 통하는 내 나라 사람과 만난다면 그곳의 정보를 미리 얻을 수도 있고 때론 타지에서 느끼는 경계심도 누그러들 것이라 여겼기 때문이다. 돌이켜보니 나만의 착각일 수도 있겠다는 생각이 들었다.

　저 멀리 개선문이 보인다. 개선문을 중심으로 로터리를 돌자마자 호텔이 바로 나타났다. 어쨌거나 무사히 도착했다는 안도감이 든다. 자동차 뒤 트렁크에서 캐리어를 내려 주던 기사님이
　"김치를 가져오셨나 봐요. 김치 냄새를 맡으니까 갑자기 배가 고파지는데요"라며 여태껏 짓지 않고 있던 미소를 날리며 활짝 웃는다.
　제아무리 진수성찬을 차려 놓아도 김치가 없으면 밥을 먹은 것 같지 않다는 남편의 식성 때문에 나는 곰삭은 김치를 꼭 묶어서 트렁크 깊숙이 넣어 왔다. 그런데 그 냄새를 기억하다니,
　20년을 프랑스에서 프랑스인처럼 산 사람이라 해도 여전히 김치 냄새에 배가 고파지는 당신은 역시 한국인이었군요, 즐거운 여행되시라며 인사하고 돌아가는 그 사람을 나는 하마터면 붙잡을 뻔하였다.

　여행 중에 김치를 꺼내 먹을 때마다 한인 택시 기사님의 뒷모습이 자꾸만 떠올랐다.

해외에서 오랫동안 살다가 한국에 온 사람들의 말을 빌리자면 한국이 너무나 변했다고 한다. 나라 경제도 몰라보게 성장했지만, 무엇보다도 이전에 느꼈던 사람들의 정이 사라졌다고 한다. 그래서 오히려 모국보다 자신들을 품어 준 나라가 더 소중하게 느껴지더라고 했다.

여행한답시고 해외에 나가서 당한 일들을 거르지 않고 거침없이 쏟아내는가 하면, 단 며칠 동안의 여행으로 마치 그 나라에 대해 다 알고 있다는 듯이 올린 글들이 난무하고 있다. 내가 파리에 대하여 갖고 있는 편견도 여기저기에서 함부로 섭식한 글에서 비롯된 것이었다.

조금 전에 만난 기사님에 대하여 잠깐 가졌던 내 생각도 편협했다. 두 나라의 다른 문화 속에서 지금을 사는 그는 두 개의 강물이 서로 합하여 이룬 큰 강물인지도 모른다.

'모두 다 지가 못나서 당한 일들', 한인 택시 기사님의 이 말은 여행 내내 나를 긴장시켰으며 혹시라도 서투르게 보이지 않게 하려고 매사에 조심하였다.

이곳 프랑스에서 20년을 살았다는 한인 택시 기사님의 한마디 말은 어쩌면 모든 여행자가 새겨들어야 할 어록일 수도 있다.

거미가 되었다
개선문 산책

　오래전, 대학생인 딸아이와 함께 유럽 배낭여행을 한 적이 있다. 그때 이곳 파리에 왔을 때는 조금 후면 동이 트는 새벽녘이었다. 영국에서 출발한 저가 항공기는 연착을 거듭하더니 뒤늦게야 출발하여 밤중에 드골 공항에 우리를 내려놓았다. 버스마저 끊길 것 같은 불안감에 시내로 향하는 버스에 무작정 올라타고 내린 곳이 바로 개선문 앞이었다. 육중하게 버티고 서 있는 개선문을 바라보며 황망했던 기억이 난다.

　낯선 나라에서 보호 본능으로 가득 찬 엄마의 눈으로 바라본 개선문과 지금 남편과 함께 바라보는 개선문은 너무나 다르다. 누군가의 보호를 받는다는 게 이런 기분이구나, 호텔 창문 밖으로 바라보이는 개선문과는 15년 만의 재회였다.

우린 이곳에서 일주일을 머물며 파리 북쪽 노르망디 지역과 근교 도시를 여행할 예정이다. 파리가 여행의 시작점이다. 호텔은 작지만 깔끔하였다. 혼자서는 들기 힘들 만큼 무거운 트렁크 무게를 생각하면 무엇보다도 오래된 건물에 엘리베이터가 있다는 것에 감사해야 할 일이었다. 건물은 중세의 옷을 걸치고 있는데 내부는 현대식으로 꾸며져 있다.

이곳 시간으로 맞춰 놓은 시계는 밤 아홉 시를 가리키고 있는데도 밖은 아직도 여전히 밝다. 서머타임이라고는 하지만 이렇게 오랫동안 해가 지지 않을 줄은 몰랐다.

바로 조금 전까지 국적기 안에서 비빔밥을 먹고 곧바로 한인 택시로 호텔까지 왔으니 아직 우리나라의 온기에서 벗어나지 않았다. 그런데 호텔 로비를 나서자마자 거짓말처럼 내 앞에 서 있는 개선문을 보자 비로소 내가 파리에 와 있다는 게 실감이 났다.

끝까지 버틸 줄 알았던 해가 서서히 지기 시작하면서 웅장한 개선문이 마치 야외무대처럼 화려하게 변했다. 네 기둥에 빔을 쏘아 다양한 빛의 옷을 입고 있는 석조문은 밤에는 위엄이 사라지고 몽환적인 아름다움만 남는다.

개선문 주변은 각 나라에서 온 여행객들로 붐비고 있다. 머리에 터번을 두른 사람과 히잡을 쓴 여인, 검정 수단을 입은 아랍인, 아시아인, 유럽인들을 한꺼번에 모아놓은 이곳에서는 여러 나라의 언어들이 뒤섞여 들렸다. 내 귀에 들리는 언어만 해도 다양하다. 바로 곁에 있는 사람에게도 큰 소리로 말하는 중국인, 조용하다고 알고 있는 일본 사람도 흥분한 목소리는 제법 크게 들렸다. 영어와 프랑스어, 한국어도 들린다. 이 소란스러운 틈바귀에서도 상대에게 소리가 전달되는 걸 보면 참 용하다는 생각이 들었다.

개선문이 완성되는 걸 보지 못하고 나폴레옹은 생을 마감했다. 우리는 그가 통과해 보지 못한 문을 여유를 부리며 걷다가 전망대로 올라갔다. 에투알 광장을 중심으로 파리 시내로 쭉쭉 뻗은 길이 시원스럽게 뚫려 있다. 그 모습이 마치 별과 같다고 해서 이곳을 에투알 광장이라 부른다. 하지만 이곳에서 바라본 나의 눈엔 에투알(별)보다는 정교하게 짜인 거미줄처럼 보였다. 밤에 본 파리는 거미줄 안에서 무수히 반짝였다.

열두 개의 길을 한 바퀴 걸어 보면 어떨까? 숙소가 코앞에 있으니 밤이 깊어도 위험할 일이 없을 것이라고 생각했다. 그렇게 개선문 산책을 시작했다.

개선문을 중심으로 자동차들이 다니는 로터리가 형성되어 있어서 길과 길 사이가 생각처럼 가까운 것은 아니었다. 가로공원을 끼고 걷다가 신호등을 건네면 길 하나가 나오고 때론 지하도를 건네기도 하고 샛길로 돌아 큰길로 들어서기도 했다.

대로 사이에 있는 골목길을 걷기도 했다. 좁은 길가에 주차해 놓은 자동차들이 서로 입을 맞추듯 붙어 있는 모습이 재미있다. 불이 켜진 창문으로 집안의 모습이 언뜻언뜻 보였다. 식탁 앞에 모여 앉은 식구들과 TV의 불빛, 의자에 앉아 책을 읽는 사람, 달그락거리는 그릇 소리도 들린다. 파리 시민들의 일상적인 생활을 보면서 내가 살고 있는 골목 풍경과 별 차이 없음을 느꼈다. 사람 사는 모습은 어디나 다 똑

같다는 걸 여행 첫날에 느끼는 건 부정출발이다.

여행 중에 밤마실을 하기란 쉽지 않다. 혹시나 있을 사고에 대비해서인지 단체여행의 인솔자는 일몰 후의 호텔 밖 출입을 단속했었다. 지금 우리는 그동안 못 해본 야간 산책을 원 없이 하고 있는 중이다. 열두 개의 길을 한 가닥씩 찾아가며 거미처럼 열심히 집을 짓고 있다.

열두 개의 길에서 바라본 개선문은 방향에 따라 모두 다른 각도의 모습으로 서 있다. 개선문을 정면으로 곧게 뚫린 샹젤리제 거리를 제외하고는 모든 길이 조용하다. 인적이 드문 지하도에서 길 위로 올라섰을 때 개선문이 보이면 이내 안심이 되었다. 개선문이 그곳에 있는 한 우리는 길을 잃지 않을 것이기 때문이다.

처음에는 산책하듯 여유롭게 걸었지만, 시간이 지날수록 발걸음이 빨라졌다. 열두 개의 거리를 다 지났을 때는 둘 다 녹초가 되었다. 출발선에서 방금 달리기 시작한 마라톤 선수가 초반에 너무 속력을 낸 것 같다. 누가 시키지도 않았는데 자진해서 힘들게 치른 신고식이다.

남편의 발등엔 슬리퍼 자국이 선명하고 나는 지친 한 마리 거미처럼 네발로 기어 호텔로 돌아왔다.

이른 아침 첫 손님
몽마르트르 언덕

내가 살고 있는 나라에서 멀리 떨어질수록 함께 멀어지는 것이 있다. 바로 시차, 여행자들에게는 시차 뒤에 적응이라는 말이 따른다. 시차 적응을 얼마나 빨리하느냐에 따라 여행 초반의 계획이 달라지곤 한다.

어젯밤의 고된 개선문 산책에도 불구하고 멀뚱하게 새벽을 맞았다. 커튼을 젖혀놓고 어서 날이 밝기만을 기다렸다. 이번 여행의 콘셉트는 '여유'이다. 바쁘지 않게 천천히 걷고, 머무르고 싶은 곳에서 쉬어 가며 오래오래 바라보는 여행을 하기로 했다.

몸이 시키는 대로라면 이제 슬슬 밀려올 느긋한 잠을 즐길 채비를 해야 한다. 하지만 시차에 굴복하고 나면 여행 내내 괴로움을 당하게 될 게 뻔하다. 오늘 낮 동안만 잠과 싸워 이겨내면 몸은 저절로 이곳의 시간에 적응하게 될 것이다.

그래서 부지런히 준비를 했다.

잠이 안 오는 지난밤, 바로 옆방의 코 고는 소리를 오롯이 들어야 했던 우리는 발뒤꿈치를 들고 조용히 움직였다. 호텔 지하에 있는 레스토랑에서 첫 손님으로 아침 식사를 마치고 호텔을 나섰다. 이른 아침 정장을 하고 출근하는 파리지앵들과 함께 몽마르트르로 가는 버스를 탔다.

몽마르트르 언덕은 파리에서 치안이 좋지 않기로 유명한 곳이라고 한다. 지나가는 사람의 팔목에 팔찌를 채우고 돈을 요구한다는 팔찌단과 몸에 분뇨를 뿌리고 닦아 주는 척하며 가방을 훔쳐간다는 소매치기들, 선행을 위한 사인을 하게하고 돈을 요구하는 사인단들, 지금껏 듣지도 보지도 못한 충격적인 방법으로 여행자들의 지갑을 노리는 사람들이 유난히 극성을 부리는 곳이라고 들었다. 하지만 새벽의 몽마르트르에는 소매치기뿐만 아니라 상인도 여행자도 없는 텅 빈 언덕이었다.

파리에서 제일 높다는 몽마르트르 언덕이 연희동 언덕에 사는 나에게는 그다지 높아 보이지 않았다. 버스에서 내리자마자 바로 언덕길이 이어지고 적막함이 맴도는 길을 힘들이지 않고 걸어 올라갔다.
정지된 몽마르트르, 아직 새벽잠에서 깨어나지 않은 이곳은 청소부들이 출근하기도 전이라서 지릿한 전날의 오물 냄새를 여과 없이 들이마셔야만 했다. 언덕 위로 손님들을 실어 나르던 케이블카도 정지되어 있고 입구에 있는 회전목마도 새벽잠에 빠져 있다. 고즈넉한 공원 끝에 우뚝 솟은 사크레 쾨르 성당만이 이른 아침 햇빛을 온몸으로 받아들이고 있다.

참 고요한 풍경이다. 계단을 따라 올라간 언덕 위에서 파리 시내를 내려다보았다. 산 하나 없는 평평한 도시이지만 거리에 나무가 많고 공원에는 숲이 우거져 있어서 산이 없어도 아쉬워 보이지 않는다. 높이 솟은 빌딩이 없어서일까 시야의 반이 푸른 하늘이다.

'만끽'이라는 말은 이럴 때 잘 어울리는 말인 듯싶다. 언덕에서 내려 다 보이는 파리의 전경을 오롯이 느끼고 있다. 눈으로 감상하고 사진으로 남기고, 그런데 뭔가 허전하다. 마치 텅 빈 영화관에서 혼자 명화를 감상하는 기분이다. 사람들이 없는 이곳에서 오히려 두려움이 생기고 나는 자꾸만 주변을 살피게 된다.

저쪽에서 한 남자가 걸어오고 있다. 바지 주머니에 손을 집어넣고 걷는 거로 봐서 아침 운동을 하러 오는 사람은 아닌 듯하다. 왜 혼자서 이곳으로 오고 있는 걸까, 덜컥 겁이 났다. 남편에게 눈을 마주치지 말라고 일렀다. 이곳에 오기 전 여행자들의 블로그에서 읽었던 글들이 떠오른다.

사람들이 드문 한적한 장소에서 일어난 사건 사고들이 얼마나 잦았던가, 아무렇지 않은 척 입은 웃고 있지만, 신경은 온통 주머니 속에 있는 그의 손과 발걸음 소리에 곤두서 있다.

그가 가까이 다가올수록 내 의지와는 상관없이 몸은 점점 굳어갔다. 발걸음 소리가 유난히 크게 들린다. 굳어있는 내 모습을 들키지 않으려고 웃는 듯 마는 듯 무슨 말인가를 했다. 아무려나 우리말을 알아듣지 못할 텐데도 내 목소리는 작았고 떨렸다.

길게만 느껴지는 짧은 순간, 우리 곁을 스쳐 계단으로 올라가는 그 사람의 뒷모습을 바라보다가 나는 계단 옆 벤치에 주저앉아 버렸다.

곧이어 후회가 밀려온다. 여행을 준비하는 동안 나는 자유여행을 하면서 조심해야 할 것들에만 너무 골몰했던 것 같다. 사람들을 두려워하고 피하기만 하면서 무슨 여행을 하겠다는 건지, 괜히 선한 사람을 의심한 내 행동이 한심했다.

몽마르트르를 제대로 느끼려면 이른 아침이 아닌 사람들이 들끓는 시간에 왔어야만 했다. 데아트르 광장에서 초상화를 그리는 화가의 모델이 되어보기도 하고 거리 예술가들의 행위 예술에 손뼉도 쳐 주며 층계가 비좁도록 앉아 있는 사람들 틈에서 함께 즐겨야 했다.

가난한 동네에서 느낄 수 있는 두려움도 어쩌면 몽마르트르 언덕이 갖고 있는 또 하나의 모습일지 모른다. 그것을 수용하고 감상하는 것 또한 이곳을 즐기는 진정한 방법이다.

여유 있는 여행이란 시간이 넉넉한 것이 아니라 마음이 너그러워야 한다. 마음속에 중심을 어느 곳에 두느냐에 따라 마음은 강해지기도 하고 약해지기도 한다. 나를 해치려는 자가 있으면 나를 도우려는 사람도 있을 것이다. 이 모든 것은 모두 함께 어울려 있을 때 가능하다. 이번 여행을 하는 동안 피하고 움츠리고 두려워하지 않을 작정이다.

데아트르 광장에 한 무리 관광객이 우르르 몰려들고 거리의 기념품 가게들이 문을 열기 시작한다. 비로소 몽마르트르 언덕이 잠에서 깨어나고 있다.

장밋빛 인생 La Vie En Rose
피갈 거리

내가 유일하게 따라 부를 수 있는 샹송은 프랑스 최고의 여가수 에디트 피아프가 부른 장밋빛 인생La Vie En Rose이란 노래이다. 그 노래를 부를 때면 나는 내 목소리를 버리고 에디트 피아프의 거친 듯 호소력 있는 목소리를 따라 부르려고 노력했었다. 몽마르트르 언덕 아래에 있는 홍등가 피갈 거리는 노래의 제목만큼 화려하지 못한 삶을 살았던 가수 에디트 피아프가 인생의 전환점을 맞게 된 곳이다.

또한, 이곳 거리는 수많은 예술가가 거쳐 간 곳이기도 하다. 마네, 모네, 고흐, 세잔, 피카소 등, 그들은 술과 여자가 있는 이곳에서 창녀를 모델로 그림을 그리기도 하고 때론 향락을 즐기기도 했을 것이다.

몽마르트르에 오는 도중에 버스 안에서 지붕 위에 붉은 풍차가 서 있는 물랭 루주를 보았다. 주변의 건물과는 어울리지 않게 눈에 띄는 풍차는 아이들의 놀이공원에나 있음직한 동화적인 건물이다. 하지만

이 붉은 풍차야말로 르네상스 시대 그대로의 모습이다. 물랭 루주의 무대 위에서 추는 캉캉 춤이 지금껏 그 맥을 유지하듯이 붉은 풍차도 옛날의 모습을 그대로 간직하고 있다. 지금은 몽마르트르를 찾는 관광객들이 명승지처럼 찾아가는 카바레 물랭 루주, 프랑스 최고의 가수 '에디트 피아프'도 이곳에서 노래를 부르곤 하였다.

몽마르트르 언덕에서 피갈 거리를 향해 내려가는 골목길에는 예쁜 레스토랑이 많이 있다. 하지만 이곳도 이른 아침에는 조용하다. 물랭 루주도 밤새워 즐긴 향락에 피곤하였던 듯 문을 걸어 잠그고 늦잠을 자고 있고, 길가 여기저기에 수북하게 떨어진 담배꽁초와 지릿한 오줌 냄새가 어젯밤 환락의 흔적으로 남아 있다. 문이 닫혀 있는 카페 거리에 늙은 개 한 마리를 데리고 산책을 하는 노인의 모습이 영화의 한 장면처럼 보인다.

이곳에 용병으로 자원하여 왔다는 젊은이와 함께 밤중에 피갈 거리를 걸어 본 적이 있었다. 15년이라는 세월이 지났지만 잊히지 않는 기억이다.

딸아이와 배낭을 메고 이곳에 왔을 때는 예약해 둔 숙소가 치안이 좋지 않은 18구역인 몽마르트르 주변이라는 걸 미처 알지 못했다. 새벽에 파리에 도착하여 겨우 민박집을 찾아왔을 때 얼룩무늬 군복을 입은 청년이 우리보다 하루 먼저 숙소에 입주해 있었다. 그는 이곳에 용병으로 자원입대한 군인이라고 했다. 강원도가 고향이라는 청년을 통해 용병이라는 직업이 있는 줄 처음 알았다. 낯선 나라에서 나이 지긋한 한국 아줌마를 만나는 게 반가웠던지 고향에 사는 자신의 어머니를 보는 듯하다며 친근하게 먼저 다가왔다.

　20대 중반쯤 되어 보이는 그는 이곳에 온 지 한 달이 채 되지 않았다고 한다. 그런데 사흘 후면 이곳을 떠나 집으로 갈 것이라 한다. 우리 눈에는 멋져 보이는 외인부대가 자신에게는 맞지 않는다고, 특히 속이 느글거리는 서양 음식을 먹는 것이 가장 힘들다고 했다. 그는 다니던 직장에 사표를 내고 퇴직금을 고스란히 어머니께 드리고 이곳에서 새로운 인생을 시작하러 왔다고 했다. 강원도 사투리를 심하게 쓰는 젊은이에게서 왠지 모를 연민이 느껴졌다.

　프랑스 육군 소속의 외국인 지원병으로 구성된 정규 부대에 자식이 선택되어 갔다는 것만으로도 자부심을 느낄 그의 어머니를 생각했다. 이제 집으로 돌아가면 직장도 신뢰도 잃은 채 무직의 젊은이로 지내야 할 그의 삶이 눈에 보이는 듯했다. 이제라도 마음을 돌려 부대에 돌아가면 다시 근무할 수 있느냐고 물었다. 여유로 주어진 사흘간의 기간에 이미 하루는 지났다고 한다. 나와는 무관한 한 청년의 인생에 관한 일인데 왜 그렇게 긴 시간 공을 들여 설득했는지 모르겠다. 그날 밤 나는 멀리 강원도에서 아들의 성공을 기다리고 있을 청년의 어머니가 되어있었다.

　공항에서 바로 부대로 왔으므로 에펠 탑조차 보지 못했다고 하는 그와 함께 숙소에서 가까운 피갈 거리를 지나 몽마르트르 언덕을 올라갔다. 건장한 청년과 함께 걷는 한밤중의 피갈 거리는 전혀 두렵지가 않았다. 길거리에 앉아 야유를 보내는 흑인 사내들 사이를 덤덤하게 지나가는 우리 모녀와 달리 마네킹처럼 여장하고 호객을 하는 여장남자에게 놀라는 건 순박한 용병 청년이었다. 다음 날 부대로 돌아가는 그를 배웅하고 난 뒤, 우리는 다음 여행지로 떠났다.

    그날 밤에 본 풍경과는 너무나 다른 이곳의 아침 풍경이다. 물랭 루주를 사이로 건너편 거리에는 쇼핑거리가 형성되어 있었다. 홍등가였던 이곳이 이처럼 근사하게 변했을 줄 몰랐다. 윈도에 걸린 옷들과 가방은 아무렇게 만든 것 같이 보이지만 개성 있는 사람이나 소화해 낼 만큼 멋진 것이었다. 다양한 작품들이 있는 편집 숍에는 당장 들어가서 사고 싶은 물건이 많았다.

    청소차가 길옆으로 물을 흘려서 오물들을 씻어내고 있다. 지저분했던 거리가 씻겨 나가고 거리는 깨끗한 민낯을 드러내고 있다. 거리의 여인에서 국민가수로 한 여인의 운명을 바꿔 놓은 피갈거리는 지금 사창가에서 명품거리로 자신의 운명을 바꿔 놓고 있는 중이다.

    에디트 피아프의 삶은 처절했다. 태어난 지 두 달 만에 사라진 엄마 대신 알코올 중독자인 외할머니 손을 거쳐 사창가에서 일하는 친할머니와 자라면서 유아 시절을 창녀촌에서 보냈다. 142센티밖에 안 되는 작은 키와 왜소한 몸집은 어린 시절 영향결핍 때문이었다. 15세부터 거리를 방랑하며 노래를 부른 가엾은 여인 '에디트 피아프'가 인생의 전환점을 맞이하게 된 곳이 바로 이곳 피갈 거리이다. '루이 루플 레'라는 나이트클럽 사장에게 길거리 캐스팅이 되어 프랑스 국민가수의 반열에까지 오르지만, 그는 사랑하는 사람을 비행기 사고로 잃은 뒤 마약과 술에 중독되어 살다가 47세의 이른 나이에 간암으로 생을 마감한다.

　한 사람의 인생을 바꿔 놓는다는 것은 쉬운 일은 아니다. 진심 어린 조언으로도 인생이 바뀌었다고는 하지만 바뀐 인생이 모두 장밋빛 인생이 되리라는 보장은 없다.

　나는 누군가의 인생에 전환점이 되어 준 적이 있는가? 15년 전, 이곳에서 만난 용병 청년의 인생이 장밋빛이었기를 간절히 바란다.

낙원의 들판에서
샹젤리제 거리

여행의 즐거움 중의 하나는 누가 뭐래도 쇼핑이다. 눈으로만 즐기는 쇼핑도 좋지만 좋은 값에 갖고 싶은 물건을 사게 되면 더없이 흐뭇하다. 쇼핑의 메카인 샹젤리제 거리를 가기로 한 날, 오월의 따뜻한 햇살이 쇼핑하기 참 좋은 날이 아니냐며 속삭이고 있다.

여행자에게 신발은 그날의 행로에 대한 정보이며 의미이기도 하다. 운동화를 신을까 하다가 샌들로 바꿔 신었다. 그러다가 다시 운동화로 갈아 신었다. 지금 내가 갖고 있는 신발이라고는 이 두 켤레의 신발이 전부인데 두 개의 신발을 놓고 뭘 신을지 망설이고 있는 중이다. 좋은 신발은 좋은 곳으로 나를 데려다준다는 믿음이 있다. 오늘은 아무래도 좋은 곳을 많이 걷게 될 것 같다.

개선문에서 바라보았을 때 사람들이 가장 많이 북적이는 거리가 바로 샹젤리제 거리였다. 프랑스어로 '낙원의 들판'이라는 뜻을 가진 샹젤리에 거리에는 사람들이 모두 행복해 보인다. 카페에 앉아 담소를 나누는 사람, 양손 가득 쇼핑백을 들고 걸어가는 사람들, 배낭을 메고 가는 여행자들, 서로 만나 악수를 하며 등을 어루만지는 사람들, 웃고 있는 이들을 보며 참 평화로운 곳이라는 생각이 든다.

유럽의 도시를 여행할 때, 거리의 노천카페에 앉아서 여유 있게 커피를 마시고 있는 사람들이 부러웠다. 항상 시간에 쫓겨 빨리빨리 움직여야 하는 여행을 다니다 보니 나는 언제쯤 그런 여행을 해 볼 수 있을까 생각했다. 그런데 그 꿈이 무척 소박하다는 걸 이곳에 오고 나서야 알게 되었다. 물가가 비싼 프랑스에서 유일하게 싼 것이 커피였다. 여행 중에 화장실을 사용하고 싶거나 지친 다리를 쉬고 싶을 때면 서슴없이 카페에 들어가서 커피를 마셨다. 단돈 1.5유로로 두 가지를 다 해결할 수 있었으며 그동안 내가 원했던 느긋한 여행자가 되어보는 것도 할 수 있었다.

꽃자주색 어닝이 늘어서서 그늘을 만들어 주고 있는 노천카페의 빈자리를 찾아 앉았다. 한참을 앉아 있어도 주문을 받으러 오지 않는다. 우리의 방식대로라면 손님을 방치하고 있다. 꽤 시간이 흐른 뒤, 분주한 웨이터와 서로 눈이 마주치고 나서야 커피를 주문할 수 있었다. 나에게는 아직 익숙하지 않은 문화이지만 왠지 오래 앉아 있어도 눈치 따위는 주지 않을 거라는 생각이 들었다.

자리에 앉기도 전에 메뉴판을 든 종업원이 달려오고 주문한 음식이 빨리 나오기를 바라며 식기도 전에 먹으면 바로 자리를 비워 주어야 하는 문화도 어찌 보면 그만의 개성이 있지만 조금 무심한 듯해도 한가하고 여유가 있는 이곳이 지금의 나에게는 충분히 매력적이다.

따뜻한 오월의 햇볕이 부서지는 가로수 아래, 웃고 떠들며 지나가는 사람들의 얼굴만 바라보아도 좋다. 길 건너 햄버거 가게에 사람들이 줄지어 서 있다. 프랑스 사람들은 프랜차이즈 음식을 싫어한다고 한다. 그래서 맥도널드 햄버거가 다른 나라보다 뒤늦게 입성하였다고 들었다. 아마 햄버거가 싫은 게 아니라 자존감 높은 그들 국민성으로 봐서 다른 나라의 문화를 따라 하는 게 싫었는지도 모른다. 그런데도 지금은 그곳에 유난히 젊은 사람들이 많이 모여 있다.

프랑스에 배달문화가 들어오기 시작한 뒤로 이곳 문화의 중심인 카페가 점점 사라지고 있다고 한다.
파리의 카페는 수많은 지식인과 예술인들이 모여서 철학과 문학, 문화와 예술을 토론하며 이야기꽃을 피웠던 낭만의 산실이다. 파리에서 카페가 사라지고 있다는 말은 문화의 한 축이 무너지는 일이라고 해도 틀린 말은 아니다.
카페에 앉아 두세 시간씩 담소를 즐겼던 그들도 바쁜 현대 사회에서 '빨리빨리'와 교류를 하지 않을 수 없게 된 걸까, 길 건너 햄버거 가게의 긴 줄을 보면 이제 이들의 문화도 환절기를 맞고 있는 것 같다.

흔히 파리를 낭만의 도시라고 한다. 낭만은 로망의 일본식 발음이고 우리말로는 감성적이라는 형용사 외엔 달리 표현할 단어가 없다. 로맨스라는 말이 오히려 친근하다.

아까부터 손가락 사이에 담배를 깊숙하게 끼어 물고 있는 여성은 혼자 앉아 거리를 바라보고 있다. 누군가를 기다리는 것도 아닌 듯한데 혼자 있는 그 모습만으로 왠지 영화 속의 한 장면과도 같다. 아주 귀엽고 예쁜 아이를 불란서 인형 같다고 하는데 실제로 프랑스 여인들은 키가 작고 왜소했다. 지금 내 앞에 앉아 있는 연인은 둘이서 눈이 마주칠 때마다 입맞춤을 한다. 두 개의 예쁜 인형을 보는 것 같다. 커피와 와인, 위스키 잔이 담긴 쟁반을 번쩍 들어 올리고 이곳저곳 탁자 사이를 분주하게 다니는 웨이트리스의 바짝 조여 맨 앞치마와 걷어 올린 팔뚝의 근육이 건강해 보인다. 이곳에서 바쁘게 움직이는 사람은 단 한 명, 웨이트리스뿐이었다. 이런 걸 낭만이라고 말해야 할지, 눈앞에 보이는 모든 것들이 다 달콤하고 아름답게만 느껴졌다.
담배도 대화도 키스도 없이 묵묵히 앉아서 거리의 풍경만 바라보아도 꽤 괜찮은 여행을 하는 기분이 든다.

마시던 커피도 바닥이 나고 내 주변의 손님들도 조금씩 자리를 떴다. 마침 꽃무늬 쇼핑백을 들고 들어오는 중국인 여행객에게 자리를 비워주고 일어섰다.
나도 이제 내 운동화가 이끄는 대로 천천히 걸어가야겠다.

내 곁에 에펠 탑

파리에서의 마지막 밤을 에펠 탑을 바라보며 보내고 싶었다. 오월이지만 아직 강바람이 차가울 걸 대비하여 두툼한 숄을 준비하고 택시를 탔다. 멀리 눈앞에 보이는 탑이 가까워 보여도 택시를 타고 달리는 시간이 꽤 길게 느껴졌다.

세느 강변에는 사람들로 가득하였다. 강변 둑에 걸터앉아 와인을 즐기는 사람들과 벤치에 앉아 노을을 감상하는 연인들, 주말 오후를 가족들과 즐기려는 사람들로 이미 강둑은 만원이다.

사이요 궁 광장 앞 잔디밭도 발 디딜 틈이 없었다. 돗자리를 깔고 앉아 있는 사람들 사이로 기념품을 팔목에 걸고 다니는 잡상인들과 나처럼 적당한 자리를 잡으려고 돌아다니는 사람들이 함께 붐비고 있어서 이곳은 마치 어린 시절 학교 운동회 날의 운동장 주변을 연상케 했다.

사이요 궁의 층계 아래에서는 살사댄스를 추는 그룹과 소년들의 비보잉 춤이 절정을 내닫고 있다. 취미로 함께 춤을 배우는 동아리의 주말 모임인 듯 하지만 춤추는 실력이 대단하다.

대리석 바닥 위에서 뛰고 구르고 꺾는 비보잉은 춤이라고 하기보다는 묘기에 가까웠다. 남녀가 짝을 맞춰 추는 살사댄스 역시 비록 평상복 차림새로 추는 춤이지만 우아하고 아름다웠다. 얼굴에 땀이 송골송골 배도록 열심히 춤을 추는 그들의 모습에 구경꾼들도 박수를 아끼지 않는다. 이들의 댄스는 곧이어 펼쳐질 에펠 탑의 휘황찬란한 무대를 위한 전야제쯤으로 보였다.

그동안 해는 서서히 세느 강의 물빛을 진홍빛으로 바꾸어 놓았다. 어스름이 세느 강변에 장막을 드리우기 시작하자 지금껏 웃고 떠들던 사람들이 모두 동작들을 멈추고 일제히 한 곳을 응시하였다.

볼록렌즈로 태양의 빛을 모아 불길을 만들어 내듯이 한 곳을 바라보는 사람들의 눈빛만으로도 에펠 탑은 불처럼 타오를 것만 같다. 사람들은 하나의 목소리로 카운트다운을 외치기 시작했다.

쓰리… 투… 원… 제로!!

정확히 밤 아홉 시에 축복처럼 에펠 탑에 불이 들어왔다. 여기저기서 환성이 터진다. 마치 축구 경기장에서 자기 팀이 골을 넣었을 때 지르는 함성과도 같다. 불빛의 움직임에 따라 똑같이 느끼는 감동의 표현, 이 순간만은 모두가 한 팀이 된 듯하다.

탑에 불이 켜지는 순간에 맞춰 사람들은 와인을 터뜨리고 청춘 남녀들은 입맞춤한다. 내 곁에 앉아 있던 얼굴이 거무스레한 남자는 에펠 탑에 불이 들어오는 순간에 맞춰서 연인에게 프러포즈했다. 무릎을 꿇고 꽃을 든 남자에게 주변에서는 모두 박수를 보내주었다. 여자는 무척이나 행복해 보였다.

탑을 바라보며 열광하는 사람들의 모습만 본다면 에펠 탑은 마치 어떤 종교 단체의 교주와도 같았다.

이처럼 사랑받는 에펠 탑도 한때는 미운 오리 새끼였던 적이 있었다고 한다.

에펠 탑을 지독하게 싫어했던 '모파상'의 일화는 그중 가장 유명하다. 모파상은 파리 시내 어디에서나 보이는 에펠 탑을 피해 에펠 탑 안에 있는 식당에서 밥을 먹었다고 한다. 유일하게 그 식당 안에서만이 탑이 보이지 않았기 때문이다. 불쾌함을 견디려고 불쾌함 안으로 들어간 참 아이러니한 방법이다.

파리에 오기 전 우리가 머무를 숙소를 구하려고 했을 때 마음에 드는 게스트하우스가 있었다. 창문 밖으로 에펠 탑이 보이는 사진 하나만 보고 선뜻 계약했다. 그런데 며칠 후 호스트에게서 연락이 왔다. 내가 계약한 방은 사정이 생겨 대여하지 못하니 구조가 똑같은 다른 방을 사용하면 어떻겠냐고 했다. 모든 조건이 전과 같으면 괜찮다고 했다. 호스트는 창밖으로 에펠 탑이 보이지 않는 것만 다를 뿐 다른 것은 모두 똑같다고 하였다. 우리는 두 말없이 계약을 취소하고 시내에 있는 호텔로 숙소를 정했다.

이곳에 와서 보니 에펠 탑은 그 주변에서만 보이는 게 아니었다. 파리에 있는 일주일 동안 나는 거의 매일 에펠 탑을 볼 수 있었다. 에펠 탑은 일부러 찾아가지 않아도 눈에 뜨였다. 파리에 도착한 첫날밤에 갔던 개선문에서 에펠 탑이 보였다. 멀리서 반짝거리는 탑을 보았을 때, 내 마음도 약간 들떴다. 보석처럼 반짝이는 탑이 귀여웠고 예뻤다.

그다음 날 생 나자르 역에서 외곽으로 가는 기차를 타기 위해 버스를 탔을 때 창밖으로 스쳐 지나가는 에펠 탑과 마주쳤다. 낮에 보는 탑은 밤에 보는 것과 달리 무척 웅장해 보였다. 그리고 참으로 유연해 보였다.

파리에서의 마지막 날 밤인 오늘은 에펠 탑을 보러 사이요 궁 앞으로 갔다. 아홉 시에 불을 밝힌다는 말을 듣고 시간에 맞춰서 나갔다.

주변이 어두워지자 에펠 탑에 불이 밝혀졌다. 그리곤 얼마 되지 않아 작은 불빛들이 반짝거리며 에펠 탑은 거대한 크리스마스트리로 탈바꿈했다.

에펠 탑은 볼 때마다 그 느낌이 달랐다. 오늘처럼 주말에 환호하는 사람들 틈에서 바라본 에펠 탑은 단단한 꽃받침과도 같다는 생각이 들었다.

에펠 탑이 있는 한 파리는 시들지 않을 것이다.

빵 맛

접시에 가득 빵을 담았다. 호텔을 예약할 때 아침 식사를 주문해야 하나 말아야 하나 망설이다가 프랑스는 빵의 나라라고 한 말이 생각났다. 그래서 일주일을 머무는 동안 우리는 아침 식사를 이곳 호텔에서 해결하기로 했다.

우리가 묵는 호텔은 파리 8구역의 개선문 근처에 있는 아담한 5층 건물이었다. 파리의 대부분 건물과 마찬가지로 이 호텔도 중세의 건물처럼 외양은 퇴색해 보였으나 내부는 그런대로 깔끔하였다. 하지만 옆방에서 나누는 말소리가 그대로 들릴 만큼 방음이 되어있지 않아서 그다지 좋은 호텔은 아니라는 걸 알 수 있었다. 호텔 레스토랑은 로비를 지나 계단 두 개를 내려가는 지하에 있었고 생각만큼 넓지는 않았다.

첫날 시차로 인해 뜬 눈으로 있다가 레스토랑의 첫 손님이 되었다.

"봉쥬르⋯." 하얀 에이프런을 입고 있는 중년의 부인이 주방장 겸 웨이트리스인 듯 손에 쟁반을 들고 부산하게 움직이다가 눈이 마주치자 건성으로 인사한다. 한편에 마련된 식탁 위에 하얀 냅킨과 그 위에 빈 컵이 가지런히 놓여 있다. 우린 그중에서도 조금 널찍한 곳에 자리를 골라 앉았다.

레스토랑의 중앙에는 기다란 탁자 위에 아침 식사가 정갈하게 차려져 있다. 크루아상과 깜빠뉴 마들렌 등 낯익은 빵들이 수북이 담겨 있는 쟁반 곁에 오븐에 구워 먹을 수 있게 잘라 놓은 식빵이 있다. 커피와 우유, 오렌지 주스 등 마실 것과 다양한 종류의 잼과 치즈, 버터와 햄, 소시지 그리고 작고 단단한 서양배와 사과가 가득 담긴 바구니가 있다. 이 밖에는 아무리 둘러봐도 샐러드나 오믈렛 같이 요리로 만들어 놓은 음식은 없었다. 전통적인 프랑스식 아침 식단이었다.

빵과 커피를 쟁반에 담아 가지고 오다가 내려오는 다른 손님과 맞닥뜨렸다. 그 손님은 우리 옆자리에 자리를 잡고 앉았다. 마흔이 넘어 보이는 중년 부부와 열두어 살쯤 되어 보이는 사내아이가 있는 한 가족이었다. 가족 모두 소박한 외모로 프랑스 어느 지방에서 올라온 사람들 같았다. 곧이어 손님들이 들어오면서 비어 있던 레스토랑의 좌석이 꽉 찼다. 손님들이 찬 뒤에야 식당이 참 좁다는 생각이 들었다.

첫날의 아침 풍경이 이곳에 있는 일주일간 꾸준히 이어졌다. 나는 여전히 처음 앉아 있던 자리에 앉아서 빵을 먹었고 내 옆자리에는 프랑스인 가족이 항상 그 자리에서 빵을 먹었다. 아침마다 똑같은 자리에서 빵을 먹으며 눈이 마주치면 어색하게 미소만 지을 뿐, 서로 대화를 나누지 못했다. 프랑스어로 말을 하니까 프랑스 사람인 줄 알았고 세련된 도시인의 모습이 아니어서 지방에서 올라온 가족이라고 생각하였다. 크루아상을 먹는 아들에게 흘리지 말고 먹으라고 주의를 주는 모습이나 조개 모양의 마들렌을 커피에 묻혀 먹는 모습이 우리와 비슷하다.

 셋째 날은 아시아에서 온 젊은 여인이 우리 옆자리에서 빵을 먹었다. 처음에 한국에서 온 여행객인 줄 알고 내가 먼저 밝게 인사를 했다. 한국인을 닮은 그녀는 대만에서 온 여행객이었다. 혼자서 여행을 다닌다는 그는 대만에 있는 자기 집은 알아주는 게스트하우스라며 주소까지 알려 주며 다음에 꼭 들려달라는 영업 홍보까지 할 정도로 활달하였다. 우린 겁나게 친한 척 떠들어 댔다. 그녀는 왕 수다쟁이였다. 그녀의 수다만 들어도 배가 부를 지경이었다. 대만에서 온 여행객은 이틀 만에 이곳을 떠났다.

 다섯째 날도 그다음 날도 그 가족은 우리 곁에서 똑같이 빵을 먹었다. 일주일 동안 아침 식사를 함께하면서도 우린 대화를 나누지 못했다. 영어를 할 줄 아느냐고 물어보지도 않았고 그쪽에서도 우리에게 말을 걸지 않았다. 매일 아침 빵을 먹으며 오늘도 떠나지 않았구나… 하고 생각할 뿐, 왠지 곁에 있으면 든든할 뿐이었다.
 마지막 날 아침, 우리는 주방장인 부인에게 그동안 맛있는 빵을 잘 먹고 간다고 작별 인사를 했다. 우리 옆자리에 앉아 있던 가족이 우리를 바라본다. 무언가 눈치 챈 듯 약간 놀라는 눈빛이다. 나는 손을 들어 떠난다는 표현을 했다. 하지만 떠난다는 표현은 완벽하지 못했다. 쑥스럽게도 손을 가슴쯤에 올렸다가 이내 머리로 가서 흘러내리지도 않은 머리카락을 쓸어 올렸기 때문이다. 나와 눈이 마주친 아이가 주춤하며 손을 살짝 들었다가 놓았다. 그뿐이었다. 그런데 파리에서 남 프랑스로 내려가는 기차 안에서 가족의 모습이 줄곧 생각났다.

만남은 소중하다. 서로 웃고 떠들며 우정을 쌓는 만남도 좋지만 이렇듯 아무것도 모르지만 함께 있는 것만으로도 좋은 만남도 있다. 길을 가다가 선한 눈망울을 가진 고양이가 살짝 몸을 스쳐만 주어도 좋은 것처럼.

그 가족은 아마 내일 아침에도 오늘처럼 그 자리에서 빵을 먹을 것이다. 어쩌면 매일 옆자리에 앉았던 동양인 부부에 관하여 이야기할지도 모른다. 나는 우리가 먼저 이곳을 떠나게 되어 다행이라는 생각이 들었다. 그들이 우리보다 먼저 떠났더라면 비어 있는 옆자리를 보며 빵 맛이 왠지 심심하다고 느꼈을지도 모른다.

내 친구 안쯔이를 다시 만날 수 있을까?
퐁피두 센터

이제 호텔 매니저는 우리가 나타나면 으레 메모지부터 챙긴다.

"오늘은 어디로 가?"
"퐁피두 센터를 가려고 해"
"에투알 역에서 1번 전철을 타고 오텔드 빌 역에서 내리면 돼"
"4번 출구야~"

우리 뒤통수에 대고 크게 소리 지른다. 뚱뚱한 호텔 매니저 알렉스는 겉모습은 무뚝뚝해 보이지만 자신이 하는 일에 무척 만족하며 최선을 다하는 것 같다.
며칠 전 우리가 시내버스를 잘 못 타서 고생했다는 말을 들은 뒤부터는 뭐든 또박또박 열심히 알려 준다. 먼저 지도를 꺼내 우리가 현재 있는 곳을 체크하고 가야 할 장소를 정성스레 선으로 그은 뒤 정거장 수까지 적어 준 다음에 그때서야 몹시 아끼는 미소를 날리며 잘 다녀오라는 인사를 한다.

 알려준 대로 오텔 드 빌 역에서 내려 지상으로 올라오자 고풍스러운 건물들이 눈앞에 펼쳐졌다. 먼저 뾰족한 시계탑이 눈에 들어왔다. 검은색 지붕이 위압감을 주는 오텔 드 빌은 파리 시 청사로 사용되고 있다. 이렇게 아름다운 궁전 안에서 업무를 보는 사람들은 어떤 기분일까, 몸집이 커다란 경비원이 지키고 서 있는 사이로 건물 안을 기웃거려 보니 민원서류를 들고 부산하게 왔다 갔다 하는 사람들의 모습이 우리네 사무실 풍경과 비슷하였다.

 세월의 무게를 고스란히 간직한 건물들 사이에서 유난히 눈에 띄는 건물이 있다. 퐁피두 센터에 대하여 미리 알아보지 않고 왔더라면 아마 이곳은 짓다가 방치해 둔 건물이거나 아니면 조금 신경 써서 만든 쓰레기 소각장 정도로 생각했을 것이다. 층계와 철골, 배관, 파이프 등이 모두 밖으로 노출되어 있어 마치 공사가 마무리되지 않고 진행 중인 건물처럼 보였다.

 이 건물은 프랑스 문화의 상징으로 파리 시민들에게 사랑받는 건축물이라는 걸 알고 나서는 내가 얼마나 건축에 대한 문외한인지 알았다. 주변을 둘러봐도 하나같이 고풍스러운 중세 건물들인데 이런 곳에 초현대식 전위적 건물이 있다는 건 파격이 아닐 수 없다.

 퐁피두 센터의 건물은 마치 피카소의 입체적인 그림을 보는 것처럼 난해하였다. 이 난해함이 결국 나를 혼란으로 빠트리고 말았다. 복합 문화센터인 이곳은 공연장과 영화관, 도서관 등이 있고 4층~6층은 국립 현대 미술관이다. 우리는 미술관을 갈 예정이다.

현대식 건물의 단점은 평범하지 않다는 것이다. 독특한 외형 탓에 멀리서도 건물은 빨리 찾았지만, 우리가 가야 할 미술관의 출입문이 따로 있는 줄은 몰랐다. 건물 앞에 늘어선 기다란 줄 끝에 서서 가방 검사까지 마친 뒤에야 안으로 들어갈 수 있었다. 미술관은 4층에 있으므로 당연히 위층으로 올라가는 에스컬레이터를 탔다. 아무리 찾아봐도 미술관은 보이지 않았다. 주변은 온통 책과 컴퓨터 그리고 열심히 공부하는 젊은이들뿐, 라이브러리로 잘 못 들어선 것이다. 나중에야 알게 되었지만, 미술관의 출입문은 건물의 정 반대쪽에 있었고 그곳은 줄도 서지 않을뿐더러 가방검사도 하지 않고 자유롭게 출입할 수 있었다.

그곳에서 길동무 안쯔이를 만났다.

안쯔이도 우리처럼 미술관을 잘못 찾아와서 헤매는 중이었다. 건물 안에서 길을 잃은 어리숙함으로 하나가 된 우리는 함께 미술관 찾기를 하였다. 모든 사람이 조용히 책을 읽고 있는 도서관에서 목소리도 크게 내지 못하고 서로 눈짓과 손짓으로 방향을 가리키며 돌아다녔다. 에스컬레이터를 타고 도로 1층으로 내려갔던 안쯔이가 우리를 찾으러 다시 올라왔다. 얼마나 급하게 왔는지 양 볼이 빨갛다. 미술관으로 가는 길은 안쯔이가 먼저 찾았다. 1층 로비에서 왼쪽으로 가야 하는 것을 우리는 습관대로 에스컬레이터를 타고 무조건 4층으로 올라갔던 것이다.

그제야 안쯔이와 자세한 이야기를 나누었다. 안쯔이는 일본에 있는 대학에서 인테리어를 전공하는 홍콩 여학생이었다. 동양 여성치

곧 제법 큰 키에 쌍꺼풀이 없는 눈, 단발 커트를 한 검은 머리가 단정해 보이는 아가씨였다. 부모님과 떨어져 지내서인지 딸처럼 살갑게 다가왔다.

그녀는 전망 좋은 창가에 우리를 서게 하고 사진을 찍어 주기도 하고 마티스, 샤갈, 피카소 등 20세기 현대 미술가들의 작품을 보며 설명을 해 주기도 했다. 인테리어를 전공하는 학생이어서 그런지 미술에도 조예가 깊었다. 남편과 안쯔이는 영어로 의사를 소통하고 나와 안쯔이는 눈으로 대화를 했다. 우리는 국가와 나이를 초월하여 친구가 되었다. 우리끼리 다정하게 대화를 나누는 모습만 보면 모르는 사람들은 가족 여행이라도 온 줄 알 것이다.

안쯔이가 다니는 학교에 한국인 친구는 있지만, 한국에는 아직 와 보지 않았다고 한다. 만약 안쯔이가 한국에 온다면 곱게 한복을 입혀서 고궁 나들이를 해 주고 싶었다.

아침에 눈을 뜨면 오늘은 어떤 것과 만나게 될까? 기대하며 하루를 시작한다. 처음 만나는 사람, 처음 마주친 풍경, 처음 먹어 보는 음식 등, 매일 새로운 것들을 만나면서 거부감 없이 받아들이는 나를 보며 내 안에 또 다른 내가 있음을 느낀다. 처음 만난 홍콩 소녀 안쯔이와 우정을 나누는 내 모습도 전에는 볼 수 없었던 나의 새로운 모습이다.

안쯔이는 중국에 대하여 갖고 있던 나의 편견을 한 번에 바꿔 놓았다. 공손한 몸짓과 표정으로 어른을 공경할 줄 아는 태도는 동양인의 미덕을 갖추었고 특히 유창한 영어 솜씨와 그림에 관한 풍부한 지식은 오히려 중국의 젊은이들에게 호기심을 갖게 하였다. 4층에서 6층까지 전관을 관람하는 동안 피곤하여 잠깐 쉬고 있으면 안쯔이도 어김없이 내 곁에 함께 앉아 있어 주었다.

퐁피두 센터의 건물은 밖에서 안에 있는 내장을 모두 볼 수 있듯이 안에서 바깥 풍경을 볼 수가 있다. 옥상에 올라가서 바라보면 멀리 새하얀 사크레 쾨르 성당이 보이고 바로 눈 아래로 파리의 골목이 적나라하게 보인다. 우리는 창밖의 풍경을 감상하며 서로 다녀온 여행지에 대해 이야기하였다. 온순하게 우리의 이야기를 듣고 있는 모습이 내 딸처럼 예쁘다.

여행지에서 만난 사람들과 잠깐 대화를 나누고 헤어진 적은 있지만 이처럼 오랫동안 함께 시간을 보내며 즐긴 적은 드물다. 더구나 젊은 사람이 먼저 다가와서 친구가 되어 준 일은 지금까지 한 번도 경험하지 못한 일이다. 여행이 끝난 다음에도 안쯔이와는 꾸준히 여행 친구로 서로 소식을 이어가고 싶었다.

잠시 화장실에 다녀왔다. 당연히 안쯔이가 그곳에서 나를 기다리고 있을 줄 알았다. 오늘 하루 어디에서나 나와 함께 있었는데 길이 어긋난 듯하다. 나는 안쯔이를 찾아 이곳저곳 돌아다녔지만, 어디에도 보이지 않았다. 한참을 기다려도 돌아오지 않는 안쯔이. 아까 커피를 마시면서 영수증 쪽지에 적어 준 나의 페이스북 주소가 유일하게 우리를 연결해 줄 단서일 뿐이다. 남편은 건물 밖으로 나와서도 하염없이 오르내리고 있는 에스컬레이터를 바라보고 있다.

길을 잃고 만난 길동무 안쯔이를 나는 또다시 길에서 잃어버렸다.

내 친구 안쯔이를 다시 만날 수 있을까?

천천히 오래오래
오랑주리 미술관과 오르세 박물관

오랑주리 미술관

 조금 작지만 달콤한 과일과 크고 다양한 맛의 과일이 있다면 어떤 것부터 먹을까? 나는 작고 달콤한 과일부터 먼저 골랐다. 오랑주리 미술관은 작고 달콤한 과일과도 같다.
 어제 센 강에서 바토 뮤슈를 타고 야경을 즐기면서 오랑주리 미술관과 오르세 박물관의 위치를 눈짐작으로 알아 두었다. 두 건물은 센 강을 사이에 두고 바라보고 있어서 위치상으로 오늘 하루 두 곳의 작품을 모두 감상해도 될 것 같았다.

 나는 지금 아침 햇살이 비치는 호숫가의 버드나무 아래에서 막 피어오른 수련을 바라보고 있다. 이슬을 머금고 있는 수련의 노란 꽃잎, 그 사이에 돋아난 작은 물풀과 호수 위의 잔잔한 물살, 물살에 어린 버드나무의 흔들림까지, 오랑주리 미술관 1층 전시실은 모네의 호수를 그대로 담고 있었다.

모네의 작품 중에서도 거작으로 손꼽히는 수련은 총 여덟 점의 작품이 연작으로 미술관 벽면에 전시되어 있다. 그 방에 들어서자 마치 내가 지베르니의 호숫가에 있는 듯한 착각이 들었다.

모네가 살았던 집이 있는 지베르니를 가본 적은 없지만 지금 이곳에서도 충분히 그곳의 느낌을 알 수 있을 것만 같다. 천장에서 들어오는 자연채광은 수련이 있는 호수 위에서 부서져 다양한 모습의 풍경을 연출해 준다. 지금은 따뜻한 봄날 아침 호수의 모습이다.

초기 인상파 화가인 모네는 시간에 따라 다르게 보이는 순간을 화폭에 담았다. 아침 햇살이 비치는 버드나무 아래 수련과 저녁 무렵 호수 위의 수련은 같은 장소를 그렸지만 다른 그림처럼 보인다. 아침의 수련이 청명하다면 저녁 무렵의 수련은 하루 종일 수고한 햇빛의 나른함이 엿보인다. 나는 호숫가를 산책하듯 그림 앞을 거닐며 햇빛에 의해 변화하는 수련의 모습을 눈에 가득 담았다.

오래전에 유화를 배운 적이 있었다. 수채화와 달리 물감을 테라핀에 섞어 색을 표현하는 유화는 덧칠할수록 다른 분위기가 연출되곤 하였다. 유화를 처음 그리는 사람은 이미 그려진 그림을 보고 모사를 하는 수업을 받는다. 그때 수련을 본떠서 그려 본 적이 있었다. 하지만 수련은 아무나 흉내 낼 수 있는 작품이 아니었다.

모네가 그린 수련은 가까이에서 보면 덧칠한 붓 자국밖에 보이지 않았다. 하지만 거리를 두고 멀찍이서 바라보면 호수 위에 이는 잔잔한 물결까지 볼 수 있었다. 진품을 감상한다는 것은 화폭 위에서 붓을 휘두르는 화가의 에너지까지도 느낄 수 있기에 아무리 오래된 그림이라 하여도 그들의 숨결이 고스란히 느껴진다.

이곳의 미술관은 모든 그림을 자유스럽게 감상할 수 있도록 배려한다. 사진을 찍어도 되고 가까이 다가가서 감상해도 누구 하나 통제하는 사람이 없었다. 한 편에서는 어린 학생들이 바닥에 주저앉아서 선생님과 함께 수업하고 있고 누군가는 아예 자신의 화구를 들고 와서 그림을 모사하기도 했다.

처음에는 그림들을 눈에 담기에 벅차서 카메라로 열심히 찍었다. 하지만 카메라에 담는 순간 그 그림은 내가 지금껏 매체에서 만났던 사진과 다를 게 없다는 걸 깨닫게 되었다. 인터넷에 들어가 보면 내가 찍은 그것보다도 더 선명하게 찍은 사진들이 많은데 그림을 사진으로 찍는 건 무의미했다. 나는 카메라를 가방에 집어넣고 르노와르의 분홍빛 살결을 지닌 소녀들과 모딜리아니의 길쭉한 얼굴을 가진 사람들을 만나며 천천히 걸었다.

오르세 박물관

파리 여행은 이번이 세 번째인데 오르세 박물관은 오늘이 처음이다. 15년 전 딸아이와 배낭여행을 왔을 때 오르세 박물관에 왔지만 마침 그 날이 정기 휴일이어서 박물관 입구에서 돌아서야만 했다. 아직도 그 날의 아쉬움이 생생하기만 하다. 오랑주리 미술관에서 오르세 박물관을 찾아가기는 그리 어렵지 않았다.

튈르리 공원의 잘 다듬어진 나무들을 바라보며 산책하듯 천천히 센 강이 있는 방향으로 걸어갔다. 곧게 자란 나무들과 푸른 잔디밭, 하얀 의자가 있는 강변의 모습은 방금 내가 감상한 그림 속 풍경과 닮았다.

다리 난간에 사랑의 자물쇠가 주렁주렁 매달린 생고르 다리는 오랑주리 미술관과 오르세 박물관을 이어 주는 가장 가까운 길이다. 이 다리는 사람들만 지나다닐 수 있는 인도교이기도 하다. 파리의 다른 다리처럼 웅장하지는 않지만, 바닥이 나무로 되어있어 친근한 데다 다리 난간에는 연인들이 자신들의 사랑이 이루어지기를 소망하는 글들을 적어 놓아서 왠지 무척 낭만적인 곳이라는 생각이 들었다.

다리 위에서 그림을 그리고 있는 화가의 모습을 한참 동안 바라보았다. 센 강의 풍경이 화폭에 옮겨지고 있다. 밝고 부드러운 그림이다.

생고르 다리 끝에 옆으로 길게 누워있는 오르세 박물관이 보인다. 이미 관광객들의 줄이 꼬리를 물고 있다. 오랑주리 미술관에서 통합권을 끊은 것은 탁월한 선택이었다.

남편과 나는 이곳에서 각자 취향에 맞는 대로 그림을 감상하기로 하고 헤어졌다. 누군가를 신경 쓰지 않고 작품을 감상하면서 비로소 천천히 오래오래 바라보고 싶었던 나만의 시간을 갖게 되었다.

오르세 박물관은 원래 기차역이었다. 입구로 들어서자 높은 천장 위로 보이는 하늘이 기차역을 그대로 연상시킨다. 철로가 놓여 있던 중앙역 자리에는 조각품들이 전시되어 있다. 이곳은 조각품과 함께 휴식을 취하고 있는 관람객들이 어울려 있어서 어느 게 조각이고 어느 게 사람인지 구분이 가지 않는다. 그만큼 조각품이 정교하다는 뜻이다. 아마 남편도 지금 저기 어디쯤에서 조각처럼 앉아 쉬고 있을 것이다.

밀레의 '이삭 줍는 여인들' '만종', 고흐의 작품 '별이 빛나는 밤 아를', 고갱의 '타이티의 여인들'등 내가 좋아하는 그림들이 모두 이곳에 있다. 사실 처음엔 욕심을 부려서 많이 보려고 빨리빨리 지나쳤다. 그런데 전시실을 한 바퀴 돌고 제 자리로 돌아오는 동안 한 그림만 응시하고 있는 젊은 청년을 보았다. 그때야 내가 그림을 소나기를 피하듯이 감상하고 있다는 걸 알았다.

이제부터 내가 보고 싶은 작품들을 골라서 천천히 음미하기로 했다. 서둘지 않고 여유롭게 바라보자 보이지 않았던 것들이 보이기 시작했다. 붓 터치에서 작가의 힘을 느끼고 피사체의 색감에서 슬픔과 기쁨을 느낀다. 천천히 오래오래 바라보는 나에게 그림은 많은 이야기를 들려주었다.

어린 시절에 나는 공부보다 그림 그리는 걸 더 좋아했다. 장난으로 그린 만화를 친구들이 좋아하고 미술 시간에 선생님께 칭찬을 받은 뒤부터 화가가 되고 싶은 꿈을 꾸었다. 하지만 미술대학교에 가고 싶다는 말은 입 밖에 내어 보지도 못한 채 꿈과는 다른 진로를 택했다.

결혼하여 사는 동안 꿈이 있었는지조차 모르고 살았는데 아이들이 다 자라고 난 뒤, 뒤늦게 문화센터에서 그림에 대한 열정에 빠지게 되었다. 유화와 수채화, 여행, 드로잉 등 그림의 종류에 상관하지 않고 열심히 배우기 시작했다. 그림을 그리는 시간은 너무나 즐거웠다. 그동안 그려 놓은 작품들을 모아 작은 전시회를 열기도 했다.

이곳에 그림이 전시된 19세기 근대 작가들은 대부분 빈곤한 삶을 살았다. 고흐나 고갱, 르느와르 등, 그들은 예술을 창작하기에는 너무나 버거운 환경이었지만 그럼에도 불구하고 열심히 그림을 그려 이 시대에 풍요한 가치를 유산으로 남겨 두었다. 내가 가난과 타협하지 않고 저들처럼 용감했더라면 지금 글을 쓰는 일이 아닌 그림을 그리는 사람이 되어있을지도 모른다.

파리는 내가 가장 좋아하는 도시이고 언제라도 다시 오고 싶은 곳이기도 하다. 만약에 내가 파리를 다시 오게 된다면 그건 순전히 오르세 박물관 때문이다.

박물관에 처음 들어왔을 때는 흥분하여 가슴이 뛰다가 지금은 가슴이 벅차오른다. 오늘 하루 이곳에서 장문의 대하소설을 읽어 낸 기분이다.

너의 미소의 의미
몽셀미셸 가는 길

파리의 북서쪽에 있는 몽생미셸은 하루 여정으로는 빠듯하였다. 생각 끝에 이곳에서 한국인이 운영하는 여행사의 투어를 선택하기로 했다. 아침에 출발해서 다음 날 새벽에 돌아오는 코스였다.

아침 일찍 일어나 준비를 마치고 나서는 우리를 보고 호텔 매니저는 평소처럼 메모지부터 챙긴다. 이곳에 온 첫날부터 관광지도에 노선표를 알기 쉽게 표시하며 우리를 챙겨주는 착한 프랑스 사람이다.

"오늘은 가르쳐 주지 않아도 돼, 혼자 갈 수 있거든?"

호의를 거절하자 매니저는 어깨를 으쓱하며 묘한 미소를 짓는다.
호텔에서 바라보이는 개선문 앞에서 여행사의 버스를 타기로 약속되어 있었다.
어제저녁 근처 슈퍼에서 초콜릿과 제 철인 체리를 샀다. 점심시간이 충분하지 않으니 간단한 간식을 챙기는 게 좋을 것이라고 해서 준비해 간 오징어 볶음을 넣어 주먹밥도 만들었다.

이제 개선문 옆 지하철 출구에서 우리를 기다리고 있는 투어 버스만 타면 된다. 호텔 문만 나서면 바로 개선문이 보이는데 걱정할 게 뭐가 있겠는가.

여행은 언제나 변수가 따른다. 그것을 어떻게 극복하는가에 따라 여행의 성공과 실패가 결정된다. 그런데 하필 오늘 그 변수가 생기다니.

호텔 로비를 나서자 뭔가 싸한 느낌이 든다. 거리 입구마다 바리케이드가 처져 있고 전투복을 입은 경찰들이 곳곳에서 검문하고 있다. 이게 어찌 된 일일까? 새까만 아저씨가 그보다 더 새까만 총을 들고 있는 걸 보고 가슴이 두근거린다.

"뭔 일여?"
"오늘이 프랑스 기념일인 거 몰랐어?"
"그래서?"
"개선문에서 승전 기념식을 하니까 너흰 못 들어가"
"못 가면?"
"저쪽으로 돌아서 가야 할 걸"

정면으로 약속 장소가 빤히 보이는데 돌아서 가라고 한다. 그렇게라도 갈 수만 있다면 좋겠는데 거리 하나를 지날 때마다 가방 검색과 몸 수색이 보통 심한 게 아니었다. 비닐에 싼 체리가 떨어져 또르르 굴러

가고 배 안에 복대를 찬 남편은 검사할 때마다 옷을 들추기가 민망해서 아예 복대를 목에 걸고 다녔다.

무장한 여자 경찰관이 플라스틱 찬 통 안에 담긴 주먹밥을 유심히 바라본다. 나의 점심 도시락이라고 말했다. 여경은 나를 한편에 세우더니 다른 경찰관을 부른다. 수염이 덥수룩한 경찰이 내 맛있는 점심을 코에 대고 냄새를 맡아본다. 순간 저 도시락은 뺏기지 않고 돌려줘도 못 먹겠다는 생각을 했다. 냄새를 실컷 맡아본 털 수염 경찰이 "맛있겠군"하며 도시락을 돌려준다. 주변을 둘러싸고 있는 구경꾼들이 신기한 듯 내 도시락을 바라보고 있다.

바로 어제 이곳 오페라극장에서 테러가 일어났다. 그 시간에 나는 오르세 박물관에 있었다. 서울에 있는 아이들이 놀라서 문자를 보낸 뒤에야 그 소식을 알게 되었다. 최근 유럽 곳곳에서 일어나고 있는 IS 테러 때문인지 기념식이 열리고 있는 개선문 주변은 무척 철저하게 검색을 하고 있었다.

며칠 전 지하철을 타려고 내려가는 중에 출입문에 노란 폴리스라인이 쳐 있는 걸 보았다. 누군가 낡은 가방을 의자에 놓고 갔는데 아마 그것이 폭탄이 아닐까 의심되어 조사하는 중이었다. 날렵한 군견 한 마리가 냄새를 맡고 나서 안심해도 된다는 허락을 하자 그제야 통행이 되었다. 내 도시락은 개가 아닌 콧수염 경관이 냄새를 맡아서 그나마 다행이라는 생각이 들었다.

이제 여행사에서 약속한 출발시각은 훌쩍 지나가 버렸고 샹젤리제 거리는 아예 통행을 막아 놔서 옴짝달싹할 수가 없다. 이런 상황에 여유로울 사람이 어디 있을까.

프랑스의 국경일인 전승 기념일은 매년마다 개선문에서 커다란 행사가 열린다고 한다. 내가 계약한 여행사도 오늘의 일정을 미리 알고 있었을 텐데 약속 장소를 개선문 근처로 그대로 정한 것은 뭘까? 이해하기 힘들었다.

나는 복사해 온 바우처에 쓰인 전화번호를 보고 회사에 전화를 걸었다. 당연히 볼멘소리였다. 연신 죄송하다고 하며 여행사 직원이 그곳으로 갈 때까지 움직이지 말고 그대로 있으라고 한다. 지금은 움직일 수조차 없이 거의 갇혀 있는 상태다.

그 순간 거리에는 각국의 국기를 단 고급 세단들이 귀빈들을 태우고 개선문을 향해 달리고 있다. 그중에는 태극기를 단 세단도 눈에 뜨인다. 태극기를 보자 갑자기 화가 풀린다. 손을 흔들며 손뼉을 쳤다.

이렇게 애국자가 되는 거구나….

내 딸 또래쯤으로 보이는 여행사 직원이 온몸에 땀범벅이 되어 요행히 우리가 있는 장소까지 찾아와 주었다.

"오늘 중으로 가긴 하는 겨?"

급하면 사투리가 방언처럼 터진다. 다행히 출발에는 지장이 없다고 한다. 호텔을 나설 때 지배인이 짓던 야릇한 미소의 의미를 이제야 알 것 같았다.

별과 와인 그리고 몽생미셸

저 멀리 바다 위에 아스라이 작은 섬이 보인다.

"저곳이 몽생미셸입니다."

가이드의 말에 차에 탄 사람들이 일제히 몸을 일으켜 세워 오른쪽 창가를 바라본다. 반대편 창가에 앉아 있던 몇 명은 아예 일어서서 옆 좌석으로 다가가 양들이 풀을 뜯어 먹고 있는 벌판 끝에 보이는 몽생미셸을 카메라에 담고 있다. 우리가 버스가 아닌 배를 탔더라면 아마 중심을 잃고 한쪽으로 기울어졌을 것이다. 오랫동안 그리워하던 실체를 빨리 만나고 싶은 다급한 마음들이 모두 한결같다.

버스는 바다를 막아서 만든 제방 위에 여행자들을 내려놓았다. 이 제방 때문에 지금은 몽생미셸을 언제라도 드나들 수 있게 되었다. 조수 간만의 차이로 육지가 되기도 하고 섬이 되기도 하는 몽셀미셸은 지금은 저만큼 물러 난 바다를 바라보고 있다.

앙상한 바위섬에 우뚝 서 있는 성으로 올라가는 동안 주변에는 바람 소리와 물새 소리 외엔 아무런 소리도 들리지 않았다.

8~9세기에 처음 짓기 시작하여 800년의 세월을 거쳐 완성된 건물이라고는 믿기 어려울 만큼 단단하고 웅장해 보이는 성이다. 수도사들이 직접 먼 육지에서 돌을 짊어지고 와서 지은 중세의 수도원은 곳곳에 그 시절을 상상할 수 있는 자취가 남아 있었다. 성벽에 깔린 커다란 돌덩이마다 영문 이니셜이 새겨져 있다. 돌을 날라 온 수도자들이 남긴 흔적이다. 힘들고 외로웠을 수도사들의 심정이 그대로 돌로 굳어진 듯하다. 수도원 건물 여기저기에서 기다랗게 끌리는 까만 수도복을 입은 수도사들의 모습이 중첩된다.

눈물겹도록 아름답다는 게 이런 것일까? 수도사들의 옷자락 스치는 소리와 바람소리, 첨탑 위의 종소리 외에 아무것도 들리지 않는 곳, 밀물 때가 되면 물속에 담겨 있다가 썰물이 되면 바다 들판에 우뚝 서 있는 그림 같은 성, 고독과 외로움, 그리움 같은 무채색의 단어 앞에 아름다움이라는 수식어를 붙여주고 싶은 성. 아름다운 고독과, 아름다운 외로움, 어디서도 본 적 없는 역설적인 정경에서 새로운 분위기가 나타나는 신비의 성이다.

이렇게 센티멘털 한 곳이 나폴레옹 시절에는 감옥으로 사용되고 영국과의 백년전쟁에서는 요새로도 사용되었다.

불가항력적인 시대의 굴욕을 겪고도 아직 성스러움이 남아 있는 건 뭘까, 멀리서 맨발의 순례자들이 찾아오고 있었다.

몽생미셸 성당의 기둥에는 성 미카엘이 죄의 무게를 달아볼 수 있는 저울을 들고 있는 조각상이 있다. 순례자들은 육체의 고통을 감내하여 그 고통만큼의 기도가 이루어지기를 바란다. 먼지투성이가 된 순례자의 맨발을 보면서 그들의 깊은 신앙심에 숙연해지지 않을 수 없었다.

오월의 기나긴 해가 노르망디의 바다 속으로 사라지면서 하늘을 온통 붉게 물들이고 있다. 몽생미셸의 무채색 기둥들이 세월의 흔적인 줄 알았는데 이제 보니 날마다 타오르는 노을에 그을은 자국이었구나. 노을속의 몽생미셸은 신비할 만큼 아름다웠다.
노을을 뒤로하고 잠깐 휴식을 취한 뒤, 이곳으로 다시 돌아왔을 때 몽생미셸은 한 무더기별이 되어 있었다. 노르망디의 바람은 더욱 차가워졌지만 그 어떤 것도 이들의 만남을 방해하지 못하였다.
이렇게 살았구나…, 천 년이 넘는 동안 너를 외롭지 않게 만든 건 저 밤하늘의 별이었구나….
밤의 몽생미셸은 하늘과 하나 되어 별무리로 반짝이고 있었다.

하루사이에 외로움과 부드러움, 찬란한 모습을 모두 보여 준 신비한 성, 이보다 매혹적인 곳이 또 어디 있을까? 몽생미셸은 헤어질 때 더욱 가슴을 설레게 한다.
일행 중에 누군가 와인을 준비했다. 잔 가득 와인을 따라 준다. 와인 잔 안에서 별들이 출렁거린다. 몽생미셸의 고요한 축제에 초대된 우리는 잔을 높이 들고 소리 높여 외쳤다.

"몽생미셸 그 찬란하게 빛나는 별을 위하여!"

밀밭에 부는 바람
오베르 쉬르 우아즈

"안녕하세요 고흐 님… 고흐 선생님이라고 해야 되겠군요. 저는 당신의 그림을 좋아합니다. 그중에서도, '까마귀가 나는 밀밭 풍경'이 가장 인상 깊었습니다. 아마 당신의 유작이라는 이유 때문이 아닐까요. 오늘 아침 낯선 길을 묻고 물어서 겨우 찾아온 이곳 오베르 쉬르 우아즈는 오월의 날씨답지 않게 몹시 쌀쌀하군요.

생나자르 역에서 퐁투아즈로 가는 교외 전철을 탈 때만 해도 날씨는 이렇지 않았답니다. 하늘에 구름은 조금 무거워 보였지만 당신을 만나러 오는 들뜬 내 마음을 가라앉히기에는 어림없었죠. 그런데 퐁투아즈에서 크레이로 가는 기차로 바꿔 타려고 육교 위를 건너갈 때 내 스카프가 바람에 날려 하마터면 기차의 지붕 위로 날아갈 뻔 하였답니다. 그래도 참 다행입니다. 이렇게 아무 탈 없이 당신을 만나게 되었으니까요."

무거운 화구를 메고 초췌한 모습으로 서 있는 고흐의 청동 동상 앞에서 나는 그토록 오랫동안 만나보고 싶었던 고흐에게 인사를 했다. 어디에서도 본 적 없는 허약하고 힘들어 보이는 고흐의 모습은 오히려 어떤 투정도 다 받아 줄 것처럼 온화해 보였다.

작은 마을 오베르 쉬르 우아즈의 오월은 고흐의 그림 속에 담겨 있는 풍경 그대로였다. 마을 언덕을 오르는 길에 보랏빛 붓꽃이 피어 있는 모습도 그대로이고 오베르 성당도 안녕하다. 이곳에서 살았던 두 달 동안 가장 열정적으로 그림을 그렸던 고흐, 내가 지금 바라보는 오월의 풍경을 고흐도 바라봤을 걸 생각하니 같은 기후와 같은 풍경을 느끼고 봤다는 것 하나만으로 실가닥 같은 동질감을 느낀다.

살아서 인정받지 못한 작가의 고뇌는 어쩌면 나만 느끼는 것 일수도 있다. 그가 그림을 그렸던 장소를 하나하나 찾아볼 때마다 사후의 명예를 조금이라도 생전에 나눠 가졌더라면, 하는 안타까움이 간절하다.

오베르 쉬르 우아즈는 고흐의 고독과는 전혀 어울리지 않는 동네였다. 아담하고 조용한 시골 마을은 사람을 따뜻하게 품어 줄 것만 같은 소박한 마을이었다. 관광객들이 다녀가는 걸 신경 쓰지 않고 자신의 마당에서 꽃을 가꾸는 사람, 개들과 산책하는 사람, 창문을 열고 햇볕을 쬐고 있는 사람 등, 일상의 생활을 하는 주민들을 보면서 문득 그런 평화로운 모습들이 고흐를 힘들게 하지 않았을까?라는 생각이 들었다.

'성당보다는 사람의 눈을 그리는 게 더 좋다. 거지든 매춘부든 인간의 영혼은 다 아름답다.' 라고 동생 테오에게 자신의 마음을 전했던 그는 사람의 정을 무척이나 그리워했던 것 같다. 자신의 귀를 자르는 광폭한 행동으로 인해 사람들에게 따돌림을 받았던 아를을 떠나 이곳으로 온 고흐는 이 마을에서만은 이웃의 따뜻한 눈빛을 원했는지도 모른다. 하지만 이곳에서 조차 그는 바라던 것을 찾지 못했나 보다.

누군가의 발자취를 따라 걷다가 보면 그 사람의 심경까지 느끼게 된다. 오베르 쉬르 우아즈를 걸으면서 쓸쓸함을 지울 수 없는 것도 그 때문이다.

'카페 라부'의 고흐의 방은 너무나 좁았다. 다행인 것은 그 방에 창문이 있고 창문 밖으로 거리의 풍경이 보인다는 것, 하지만 창문 하나 사이로 계절이 달라져 보인다. 창문 밖은 봄이지만 방 안은 그가 고통을 겪었던 칠월의 마지막 하루가 그대로 있다.

평소에 그가 앉아있던 의자를 보는 순간 고흐의 삶이 그대로 느껴졌다. 사랑에 대한 불안과 실패, 궁핍한 생활과 그림에 대한 열망이 자석에 붙은 쇠붙이처럼 거기에 매달려 있었다. 방 안에서 그의 외로움이 스멀스멀 번져왔다.

오베르 교회는 고흐가 그렸던 그때와 다르지 않았다. 교회 앞을 지나 언덕으로 오르는 샛길도 그림 속의 풍경처럼 바람소리조차 숨기고 있다. 무거운 화구를 메고 이 길을 수없이 오르내렸을 고흐의 거친 숨소리가 배어 있는 길이다.

잡목 숲 사이로 난 길 끝에 밀밭이 보인다. 이곳이 고흐의 마지막 장소가 아니었더라면 나는 초록 물결을 이루는 밀이랑과 탁 트인 하늘을 보고 콧노래를 흥얼거렸을지도 모른다. 하지만 이곳이 고흐의 마지막 장소였다는 걸 알고 있는 이상 즐거울 수가 없었다. 영화 '러빙 빈센트'에서 오랫동안 내 뇌리에 잔상으로 남았던 밀밭 사잇길에서 한동안 서 있었다.

오늘따라 밀밭 위의 하늘은 먹구름이 가득하고 구름 사이로 내리꽂히는 한 가닥 햇살로 밀밭 풍경은 그로테스크하다. 새파랗게 질린 오월의 밀밭은 아직도 그날의 총성을 기억하고 있는 듯하다.

밀밭 옆 공동묘지에서 그의 묘를 발견 한 순간 고흐에 대한 연민이 조금 누그러지는 걸 느꼈다. 누군가 놓아둔 해바라기 조화가 아니었으면 찾지 못할 뻔 한 고흐의 묘 옆에 동생 테오의 묘가 나란히 있었기 때문이다. 아이비 넝쿨로 뒤 덮인 두 개의 묘는 의외로 소박하였다. 평소에 사랑했던 동생 테오와 함께 잠들어 있는 고흐의 묘지를 보며 질기도록 함께 한 그의 외로움이 비로소 짝을 찾았다는 느낌이 들었다.

II

누가 내 마음에 별을 달았을까

코스타쥐르 해변에서 네가 생각났어
니스로 가는 길

파리에서의 일주일은 너무나 빠르게 지나갔다. 매일 아침, 우리에게 길을 알려 주던 호텔 지배인 알렉스 와도 오늘이 마지막이다. 직업상 만나고 헤어지는 일을 다반사로 겪는 사람인 데도 서운함이 진심으로 묻어나는 표정이다. 우린 서로 볼을 맞대는 비쥬는 아니었지만 가벼운 포옹으로 이별 인사를 나누었다.

파리 리옹 역에서 남 프랑스의 도시 니스까지는 TGV로 5시간 40분이 걸린다. 꽤 긴 시간이다. 하지만 우리가 지금보다 조금만 더 젊었다면 아마 역마다 쉬는 밤기차를 탔을지도 모른다. 달리는 기차에서 밤을 지새우고 새로운 도시에서 아침을 맞았던 기억이 새롭다.

딸아이와의 배낭여행은 주로 밤기차를 타고 다니는 알뜰 여행이었다. 때론 새로운 도시에서 아침을 맞을 때도 있었다. 우리가 탄 이등

석은 의자를 뒤로 밀면 기다란 침대가 되었다. 서로 마주 보고 있는 네 명의 승객이 눕게 되면 우린 좁은 한 개의 침대에 서로 다리를 맞 부딪히며 네 명이서 자는 셈이 된다. 앞사람이 여자 승객일 때는 좀 나았으나 덩치가 큰 남자일 경우 나는 밤새도록 잠을 자지 못하고 딸아이의 발끝만 지켰다.

그렇게 도착한 새로운 도시의 아침은 마법처럼 고단한 내 몸의 세포들을 하나하나 일으켜 세워 주었다. 한 여름에도 새벽의 싸한 기온을 느끼며 기차에서 내리면 어제와는 다른 풍경이 눈앞에 펼쳐지고 나는 새롭게 여행을 떠나는 이방인이 되어 낯선 길을 찾아 나섰다. 다시는 돌아오지 못할 추억이 된 딸아이와의 배낭여행이 남쪽으로 가는 기차 안에서 새록새록 생각난다.

기차가 내륙지방을 지나면서 프로방스의 풍경이 나타나기 시작했다. 언덕 위의 고성과 붉은 지붕을 얹은 나지막한 집들, 싸이프러스 나무의 행렬, 끝이 보이지 않게 줄지어 선 포도밭과 장원, 양귀비꽃이 핀 들판 사이로 흐르는 시냇물…, 내가 상상하고 소망했던 것보다 더 아름다운 오월의 프로방스 풍경이다. 차창 밖으로 스쳐 지나가는 풍경들을 바라보면서 준비한 점심을 먹었다. 마시다가 남겨 둔 로제 와인과 크로와상, 납작 복숭아가 우리 점심 메뉴다.

'멋'이라는 라는 말은 예쁘다, 아름답다, 와는 차원이 다른 단어다. 격식을 차리지 않고 자연스러우면서도 왠지 품위가 느껴질 때 멋스럽다는 말을 한다. 창밖으로 펼쳐지는 아름다운 풍경을 감상하며 기차 안에서 먹는 소박한 점심과 그것을 행복으로 여기는 나는 지금 의도하지 않은 멋진 여행을 하고 있다.

마르세이유 역에서 잠시 정차를 한 뒤 기차는 니스를 향해 달린다. 지금부터는 푸른 지중해를 옆에 끼고 가면서 조금 전의 풍경과는 다른 경치를 보여준다. 야자수가 늘어서 있는 해변의 모래사장과, 절벽 위의 집들, 나란히 정박해 있는 하얀 요트들은 이 곳 코스티쥐르 해변이 유럽 최고의 휴양지임을 알려 주고 있다.

지금 내가 기차를 타고 달리고 있는 프랑스 남동부 지중해 해안을 통틀어 코스타쥐르라고 한다. '하늘빛 해안'이라는 뜻이다. 이름 그대로 어디까지가 하늘이고 어디까지가 바다인지 눈으로는 가늠이 되지 않는다. 물빛은 하늘빛을 닮는다는 말이 맞다.

파리에서 프로방스로 오는 교통편으로 기차여행을 추천한 것은 이 곳에 와본 적이 있는 아들이었다. 자신은 파리에서 마르세이유까지 비행기를 타고 여행을 했는데 남 프랑스를 제대로 느끼지 못하고 온 것 같아 아쉽다고 했다. 푸른 바다를 끼고 달리면서 이렇게 멋진 풍경을 아이들과 함께 볼 수 있었다면 얼마나 좋을까, 라는 생각이 들었다.

좋은 것을 볼 때 생각나는 사람이 진정으로 사랑하는 사람이라고 한다. 오늘 이 기차 안에서 유난히 서울에 있는 아이들이 생각난다.

니스에서 하지 말아야 할 두 가지

　활처럼 휘어진 니스해변은 오래 전 달력에서 보았던 풍경이다. 니스에 도착하여 숙소에 짐을 풀자마자 바로 해안가로 왔다. 해변에 깔린 몽돌은 비에 젖어 더욱 검게 윤이 나고 있었다.

　니스빌 역에서 비를 만났다. 커다란 트렁크를 끌고 숙소까지 오면서 갑자기 돌변한 날씨를 원망했는데 비로 인해 더욱 운치가 있는 니스해변을 바라보며 아름다운 경치는 날씨와 무관하다는 걸 알았다.

　다음 날, 구 도시에 있는 니스성으로 가기위해 시내를 순환하는 트램을 탔다. 시내 중심에서 내려 몇 발짝 걷지 않은 곳에 시간여행의 출발점처럼 구 도시의 성문이 나타났다. 무심하게 중세의 문턱을 넘어서려는데 갑자기 커다란 대포 소리가 들렸다. 대포 소리였다는 것도 나중에야 알았을 뿐 그 순간에는 벼락 치는 소리 같았다.
　니스의 구 도시는 예전 모습대로 사람들이 살고 있다. 시장에서 물건을 사고팔고, 성당에서는 미사를 집전하며 광장에는 서로 모여 만남을 갖는다. 그중에 정오가 되면 대포를 쏘아서 시민들에게 시간을 알려주는 의식을 그대로 지켜 내려오고 있다. 나를 놀라게 한 커다란 소리는 정오를 알리는 대포 소리였다. 이곳에 오는 관광객 중에는 나처럼 놀라서 시청으로 문의 전화를 하는 사람들이 더러 있다고 한다.

골목으로 이어진 시장 안은 무척 분주했다. 음식을 파는 식당이 즐비하고 의류와 가방, 모자를 파는 가게와 식료품과 기념품 가게들이 있다. 우리나라 남대문이나 동대문 시장에 외국인들이 많이 오는 것처럼 이곳 재래시장도 외국인 여행객들이 많이 보인다. 축축하게 비에 젖은 구 도시는 더욱 예스러웠다.

오후가 되어 빗줄기가 사라진 살레아 광장에 벼룩시장이 열렸다. 작은 액세서리부터 값비싼 보석 장신구, 은 촛대와 쟁반, 그릇과 주방기구들, 그림, 카펫 등 고가의 물건도 있다. 이곳 광장에서 생각지도 않았던 볼거리를 마주치게 되어 나는 신이 났다. 눈요기만 해도 충분할 걸 지름신이 발동했다. 될 수 있으면 기념품 따위는 사지 않기로 여행 전에 약속했었지만 어쩌랴, 약속은 깨지라고 있는 거니까,

금장식이 화려한 커피잔 한 쌍이 눈에 띄었다. 예전 여행 중에 살까 말까 망설이다가 사지 않고 지나친 것을 후회한 적이 있었다. 저 커피잔 역시 사지 않으면 오랫동안 내 뇌리에 남을 것 같다. 우리 집에 골동품 하나가 더 늘었다.

장소에 따라 또는 어느 잔에 담겨 있느냐에 따라 그 맛이 다르게

느껴지는 커피는 분위기를 마신다고 생각한다. 남이 쓰던 물건을 달가워하지 않는 남편과 달리 벼룩시장에서 맘에 드는 물건을 고를 때면 나는 기분이 좋다. 왠지 누구도 알아내지 못한 보물이라도 찾은 듯 뿌듯하다.

　마티스와 샤갈의 박물관이 있는 동네는 서로 방향이 같고 거리가 멀지 않아서 두 곳을 한 번에 돌아봐도 무방할 것 같다.
　니스의 부촌인 시미에 지구에 있는 마티스 미술관은 언덕 위 조용한 곳에 위치하고 있었다. 오래되어 퇴색한 듯한 붉은 건물의 외관이 매혹적이다. 주변의 풍경을 압도하는 강렬한 색상의 건물 안에는 니스에서 오랫동안 기거하다 생을 마감한 마티스의 조각과 회화, 그의 가족들이 애장하던 생활용품들이 전시되어 있다. 모두 고급스럽고 디자인 또한 아름다웠다. 그곳에서 아까 내가 산 커피잔과 비슷한 모양의 그릇을 보았다. 마티스 부인의 안목과 나의 취향이 닮았음을 남편이 알아주길 바랐다.

　도시가 넓지 않아서 반나절이면 충분하다는 민박집주인의 말과는 달리 하루 종일 돌아다녀도 지치지 않을 만큼 볼거리가 다양했다. 니스는 중세와 현대가 어울려있어 조화로운 도시다. 둘 중 어느 게 특출 나지 않고 서로 양보하여서 조화라는 새로운 미를 탄생시킨 도시라고 해야 할 것 같다.

　잠자리에 들기 전, 오늘 산 물건을 꺼내어 조심스럽게 펼쳤다. 그런데 이게 웬일인가 여인의 실루엣과도 같은 날렵한 커피 잔 손잡이가 뎅강 목이 잘려 나간 것이다. 그릇이 들어있던 배낭은 하루 종일 남편이 메고 있었다.

아깝다. 화가 난다. 원망스럽다.

공항까지 배웅을 나온 딸아이가 "엄마 아빠, 여행 중에 싸우지 마세요."하고 당부를 한 말이 방 안 여기저기에서 들려온다.
딸아이의 당부 때문만은 아니다. 내가 화를 낼 수 없는 것은 이곳이 니스이기 때문이다. 니스는 신혼부부들이 가장 가고 싶어 하는 곳으로 손꼽는 여행지라고도 한다. 더구나 내일은 검은 몽돌이 깔린 니스 해변에서 한나절을 보내기로 한 날이다.
아무리 칼로 물 베는 부부싸움이라 해도 '싸움'이란 단어는 이곳에서는 어울리지 않는다. 니스의 몽돌 해변에서 "나 잡아 보라"며 해변을 달려 볼 수 없는 것처럼 이렇게 아름다운 곳에서 부부싸움을 하는 것은 직무유기다.

인생의 진짜 행복은 바라보는 것
공중 공원 에즈 빌리지

"어르신-"

니스의 민박집주인은 남편에게 '어르신'이라고 부른다. 마땅히 부를 호칭도 없지만 어르신이라는 호칭은 왠지 부담스럽다. 아직은 아저씨나 아줌마로 불리어 지는 게 좋다. 아무튼 오늘 우리 어르신과 나는 트램과 버스를 번갈아 타고 에즈를 들러 모나코까지 다녀올 예정이다.

"버스를 타고 에즈로 가는 노선입니다. 트램을 타고 보선에서 하차 그다음이 중요해요. 100미터쯤 후진해서 왼쪽으로 가면 굴다리가 보일 거예요. 그곳을 통과하면 정류소가 나옵니다. 그곳에서 82번 혹은 112번 버스를 타시면 됩니다."

민박집의 젊은 주인은 마치 어린아이에게 처음으로 심부름 보내는 엄마 마냥 에즈로 가는 노선을 쪽지에 적어 꼼꼼하게 일러준다.

니스 시내 외곽에 있는 트램 정거장인 보선에서 내려 무사히 굴다리를 찾았다. 그곳은 교외에 있는 버스 종착역이었다. 우리네 시내버스 종점과 거의 똑같다. 사람들은 내리쬐는 햇빛을 피하느라 에어컨이 없는 정류소 안보다 승강장에 있는 벤치나 담벼락 그늘 아래에 앉아서 버스를 기다리고 있다. 나도 그들과 함께 담벼락 그늘에서 한참을 기다리다 지칠 즈음 버스가 들어왔다.

기다란 바케트 빵을 한 아름 안은 할아버지가 내 옆 자리에 앉았다. 프랑스에서는 보기 드물게 순박하게 보이는 어르신이었다.

"어디까지 가시나요."
"바르잔까지 간다네."

바르잔은 아마 에즈와 모나코 사이에 있는 마을 이름 같았다.

"무슨 빵을 이렇게 많이 사셨어요?"

초면인데도 불구하고 우리네 할아버지를 만난 듯한 다정함에 이끌려 스스럼없이 물었다. 할아버지는 손짓과 발짓까지 동원해서 한참 설명하신다.

"아~ 식구가 많으시군요."

내 엉터리 통역을 이해한 듯 두 어르신이 함께 고개를 끄덕인다.

에즈는 산꼭대기에 위치한 요새 마을이다. 니스에서 에즈로 가는 길은 그래서 아름답다. 굽이굽이 돌아가는 산길 아래에는 푸른 지중해가 넘실대고 절벽 사이를 비집고 지은 집들은 엽서에서나 봤음직한 풍경들이다.

"할아버지는 참 좋겠어요. 이렇게 예쁜 곳에서 살고 있으니까."
"……"

동양에서 온 아줌마가 부러워하는 걸 아는지 모르는지 마냥 사람 좋은 미소로만 응답하는 할아버지를 보며 문득 얼마 전 친구들과 함께 갔던 이화동 벽화 마을에서 만난 할머니가 생각났다.
언덕배기에 있는 성벽 아래로 서울 시내가 훤히 내려 다 보이는 동네는 그날따라 노을이 너무 아름다웠다. 저녁 무렵에 할머니들 서너 분이 가게 앞 의자에 한가롭게 앉아 계셨다. 그때 내가 지금과 똑같은 말을 했다.

"할머니들은 참 좋겠어요. 이렇게 경치가 좋은 곳에 사시니까요."

나를 물끄러미 바라보던 할머니께서 무심하게 대답을 하였다.

"가난한 동네가 뭣이 좋다고 구경을 하러 온다요, 나는 평생을 살아도 좋은 줄 모르 것 구먼."

그때, 나는 아름다움은 가난과 더 잘 어울린다는 생각을 했다. 이곳이 화려한 도시였더라면 그 모습에 가려서 노을이 저렇게 아름답게 보이지 않았을 것이기 때문이다. 둘러보면 조물주는 누구에게나 선물을 평등하게 나눠주었는데 그것을 미처 느끼지 못하고 살고 있는 것 같다.

지금 내 곁에 있는 순박한 프랑스 할아버지도 이곳을 찾아오는 여행객들이 이해가 되지 않을지도 모른다. 하지만 이렇게 아름다운 곳에서 살고 있는 할아버지가 나는 진실로 무척이나 부러웠다.

에즈에 도착했다. 할아버지는 손가락 두 개를 펴보였다. 자신은 두 정거장을 더 가야 내린다는 뜻으로 알아들었다. 그러고도 한참을 더 설명했는데 아마 집까지는 또 걸어서 가야 한다고 한 것 같다. 차에서 내리려고 하자 기다란 바케트 빵 하나를 주신다. 괜찮다고, 고맙다고, 받은 거나 진배없다고 우리말로 횡설수설 인사를 하고 헤어졌다.

마을 입구에서 산 위까지 돌계단이 이어지고 골목에는 아기자기한 카페와 갤러리, 기념품 가게들이 늘어서 있다. 꽤 비탈진 언덕길이지만 점점 넓어지는 주변의 경치가 발걸음을 가볍게 한다.

이 곳에 올라오자마자 새로운 광경이 펼쳐졌다. 산꼭대기에 열대정원이 있으리라고는 미처 예상하지 못하였다. 사막에서나 볼 수 있음직한 커다랗고 기다란 선인장들이 무사처럼 호위하고 있었.

높고 고립된 지형이 마치 독수리 둥지를 닮았다고 하여서 '독수리 둥지'라는 별명을 갖고 있는 에즈 빌리지 정상에서 나는 멀리 해안을 내려다보았다.

선인장 사이로 보이는 리베리아 해안은 네모난 틀을 어디에나 갖다 대어도 훌륭한 그림 액자가 되는 풍경이었다. 해안가 야자나무 숲에는 널찍하니 터를 잡은 부자들의 별장이 즐비하다. 넓은 수영장이 있는 저택을 바라보면서 꿈처럼 사는 그들의 모습을 상상해 보았다.

이곳은 사상가 니체가 '짜라투스트라는 이렇게 말했다'를 탄생 시킨 곳이기도 하다. 신이 만든 아름다운 경치를 독식하고 사는 부자들을 보면서 "신은 죽었다"고 한 니체의 말을 떠 올렸다.
저 아래 해안가에는 앤젤리나 졸리와 브래드 피트의 별장이 있다고 한다. 그런데 최근에 서로 헤어진 걸 보면 아름다운 경치를 누리며 사는 것과 행복한 부부생활은 무관한 것 같다.
인생의 진짜 행복은 뭘까? 방금 헤어진 할아버지가 생각난다. 봉지 가득 한아름 빵을 안고 미소 지으시던 모습, 아름다운 자연 속에서 가족들과 함께 살고 있는 프랑스 할아버지가 진짜 행복한 사람이라는 생각이 든다.
작은 것에서도 만족하며 서로 바라보며 크게 웃을 수 있는 것, 그게 바로 행복이 아닐까?
조금 전에 나는 그런 할아버지를 바라보면서 무척 행복 했었다.

부럽네요
작은 나라 모나코

부자로 잘 사는 사람들은 그 이유가 다양하다. 원래 부모님이 물려준 유산이 많이 있거나, 아니면 운 좋게 하는 일마다 잘 풀려서 성공했거나, 아님 두뇌가 명석해서 기업의 경영을 잘하였거나 등등….

이름도 근사한 모나코는 어떻게 부자나라가 됐을까? 모나코 역시 우리나라와 마찬가지로 외세의 침입이 잦았다.

16세기에는 에스파냐가 17세기에는 프랑스로부터 번갈아 지배받았고 나폴레옹 시대에는 아예 프랑스에 합병되기까지 하였다. 겨우 프랑스 보호 하에 독립국이 되었지만 프랑스에 의지했던 경제는 급속도로 악화되어 국가존립 위기를 맞기도 했다.

모나코가 부자나라의 반열에 오른 것은 카지노를 합법화하여 관광산업을 유치하는 데 성공하였기 때문이다. 조상이 물려준 기반도 운도 아닌 미래의 산업을 예측하여 국가운영을 잘한 결과이다.

에즈에서 1.5유로의 시내버스 요금을 내고 모나코로 오는 동안 국경에 대한 어떤 표식도 없었다. 시내버스를 타고 다른 나라를 간다는 게 너무나 신기해서 어딘가에 작은 표지라도 있을까 하여 유심히 바라봤지만 강북에서 강남 가듯 아무런 제제 없이 버스는 언덕에 우리를 내려놓았다.

매년 오월이면 이곳 모나코에서는 세계적인 자동차 경주대회인 포뮬러 원F1이 열리고 있다. F1 경기 역시 카지노와 함께 이 나라의 주요 관광산업이다.
버스에서 내리자마자 고막을 울리는 굉음으로 정신이 혼미했다.
거리를 지나는 모나코 시민들은 커다란 귀마개를 쓰고 다녔다. 특히 어린아이들은 그들 전용의 귀마개를 착용하고 있었다. 나라에 세금을 내지 않는 이 나라 국민들로서는 나라 경제를 살리는 일이니 당연히 동참해야겠지만 나처럼 자동차에 무관심한 사람에게는 지독한 소음공해였다.
언덕 위에서 바라본 모나코는 한눈에도 부자나라의 위용이 넘쳐났다. 웅장한 건물과 넓고 푸른 공원, 하늘 높이 솟구치는 분수, 길가에 있는 작은 샵에도 고급스러운 물건으로 가득 차 있다. 앞마당처럼 펼쳐진 지중해에는 크고 작은 요트들과 크루즈, 유람선들이 정박해 있다.

지금은 오월, 모나코에서는 세계적인 자동차 경주를 유치하여 큰돈을 긁어모으고 있는 중이라서 우리 같은 배낭 여행객은 오히려 푸대접을 받는 느낌이다. 길목 곳곳에 바리케이드를 쳐 놔서 어렵게 길을 찾아도 돌아갈 수밖에 없었다.

왕궁으로 가려고 지도를 보고 겨우 길을 찾아가 보면 역시 바리케이드가 길을 막는다. 언덕을 오르내리기를 수십 번. 다리도 아프고 슬슬 짜증이 올라온다. 골목마다 관광객들이 우왕좌왕하며 갈 길을 찾느라고 허둥댄다. 골목길에서 몇 번이나 스친 한국인 여학생과 함께 길 찾기를 하였다.

"왕궁을 가려면 어디로 가야 되나요?"

경찰 아저씨가 친절하게 가르쳐 준 길을 따라 도착해 보니 우리가 찾는 왕궁이 아닌 호화로운 패리스 호텔 앞이었다. 아마 패리스라는 단어만 듣고 여행객들이 호텔을 찾는 줄 알았나 보다.

"그레이스 켈리 왕비가 살았던 패리스가 어디죠?"

그레이스 왕비의 이름만 붙여 줬을 뿐인데 정확하게 언덕 위 왕궁으로 가는 길을 알려준다. 이 나라에서 그레이스 왕비는 첫 번째 브랜드였다.

평소라면 꼬마기차도 탈 수 있고 언덕까지 오르는 엘리베이터도 있다고 들었는데 F1은 모든 것을 무산시켰다. 왕실이 있는 곳까지 걸어서 올라오기는 꽤 힘들었다.

언덕 위에 자리 잡고 있는 모나코 왕실의 겉모습은 생각 외로 소박하다. 조금 전에 보았던 패리스 호텔이 더 화려한 궁전처럼 보였다.

자동차를 좋아하는 남편은 왕궁보다 자동차 경기가 더 흥미로운가 보다. 왕궁이 있는 언덕으로 오자마자 곧바로 시내가 가장 잘 보이는 전망 좋은 곳에 자리를 잡는다. 그곳엔 이미 공짜로 자동차 경주를 구경하려는 사람들로 가득 차 있었다. 자동차들이 시내 도로를 78바퀴나 도는 경주이다 보니 위치 좋은 곳은 멀리서도 자동차 경주를 볼 수 있었다. 나는 이곳에서 혼자 왕궁으로 갔다.

왕궁은 왕의 휴가철에나 개방한다고 한다. 마침 근위병 교대식이 있어서 기대하고 바라보았지만 그마저 왕궁의 첫인상처럼 단출하였다. 왕궁 뒤편으로 난 길을 따라갔다. 혼자서 산책하기엔 더없이 좋은 장소다. 주변의 장미 정원과 그 사이로 난 오솔길은 눈으로만 담기에는 벅찰 정도로 아름답다. 거기에 갖가지 새들의 노랫소리까지…. 여전히 자동차의 엔진 소리는 들리지만 이곳은 바깥세상과는 단절된 다른 세상처럼 느껴진다.

그레이스 켈리 왕비가 잠들어 있는 모나코 대성당에서 파이프 오르간 소리가 들린다. 결혼식을 올린 그 장소에 자신의 묘가 있는 것도 슬픈 일이다. 모든 부러움을 한 몸에 받고 살았지만 갑자기 죽음을 맞이 할 수밖에 없었던 왕비의 일생이 한 편의 영화처럼 느껴지는 곳이다. 그래선지 왠지 이 성당은 낭만적인 정서가 묻어나기도 했다. 그레이스 켈리의 현대판 신데렐라 스토리가 주는 인상 때문일 것이다.

몬테 카를로 카지노는 좀 전에 우리가 헤매던 언덕 아래에 있는 건물이었다. 카지노가 이 나라 경제를 책임지고 있는 만큼 건물에 들인

공도 대단하다. 거대한 분수의 물길이 돔을 이루고 있는 카지노 건물 앞 광장에는 많은 사람들이 모여 쉬고 있다. 이곳을 드나드는 손님들 또한 품위를 지켜야만 입장할 수 있다고 한다. 민박집 사장님이 미리 알려 주었기에 반바지나 슬리퍼 차림새가 아닌 우리 부부는 무사히 입장할 수 있었지만 자유스러운 복장의 관광객들은 입장이 허락되지 않았다. 복도의 천장에 그려진 그림과 화려한 장식품 하나하나가 박물관을 그대로 옮겨 놓은 듯하다.

모나코는 현대적인 건물이 많은 도시였다. 대부분 호텔이나 리조트, 빌라나 아파트지만 하늘로만 치솟은 고층 건물이 아닌 각각 개성이 있는 디자인으로 적절하게 색의 조화를 이룬 건축물들이다. 언덕에서 바라보면 나라 전체가 한눈에 보이는 작은 나라 모나코는 군대가 없어도 강한 나라라는 생각이 든다. 어디를 가나 넘쳐나는 관광객들이 바로 이 나라의 자원이기 때문이다.

아파트 테라스에 중년 부인이 어린아이를 품에 안고 있다. '저 아이는 참 좋겠다. 태어나고 보니 부자나라의 국민이 되어 있다니' 나도 모르게 마음의 소리가 저절로 나왔다. 내가 살고 있는 대한민국에게 조금 미안했지만 사철 좋은 기후와 국민들이 누리는 복지를 생각하면 정녕 부럽지 않을 수가 없다.

하지만 부자 나라에서 태어났다고 해서 모두 부자가 되는 것은 아니다. 열심히 노력하지 않으면 그들 역시 가난을 면치 못할 것이다.

카지노에서 여권 검사를 하던 직원과 거리의 경찰들, 잠깐 쉬었던 레스토랑에서 커피를 가져다준 웨이트리스, 그리고 왕궁 앞에서 교대식을 하던 근위병들…, 이들은 내가 이곳에서 만난 이 나라 사람들이다. 선입견 때문일까, 잘 사는 나라의 사람들은 일도 즐겁게 하고 있다는 생각이 들었다. 왕궁 앞 근위병을 제외하고는 모두 밝은 미소가 얼굴을 떠나지 않았다. 자신이 하는 일을 즐기면 돈은 저절로 따라오게 마련이다.

아직도 자동차의 굉음은 그치지 않고 들린다. 처음과 달리 나도 조금 적응이 되는 것 같다. 부자 나라에 적응된다는 건 참 괜찮은 일이다.

칸에서는 나도 배우

 여행할 때 날씨가 좋으면 여행의 반은 성공한 것이다. 그런데 언제부터인가 날씨는 별로 신경을 쓰지 않게 되었다.
 한여름 소나기가 내린 날, 아이들과 함께 갔던 야외 수영장은 나를 동심으로 돌아가게 해 주었다. 맨살 위로 떨어지는 굵은 빗방울의 촉감이 너무나 상쾌해서 아이처럼 맨발로 뛰어다녔던 기억이 난다. 흐린 가을날의 남이섬은 왜 그렇게 좋았을까, 잿빛 하늘이 내려앉은 라이브 카페에서 젊은 부부가 들려주는 기타 소리는 우울한 날씨와 너무나 잘 어울렸다. 하지만 여행하는 동안 계속 비가 내려서 산봉우리 하나 제대로 볼 수 없었던 장가계에서는 하늘이 원망스러웠던 적도 있었다. 날씨는 여행의 장소가 어디인가에 따라 즐거움을 주기도 하고 불편함을 주기도 한다.

 칸으로 가는 오늘은 날씨가 좋았으면 한다. 하지만 오월의 날씨답지 않게 스산한 기운이 들고 하늘에는 검은 구름이 가득하다.

여행 중에 옷 걱정을 해 본 적이 전혀 없는데 오늘은 신경이 쓰인다. 지금 칸에서는 세계 3대 영화제의 하나인 칸 영화제가 열리고 있다. 어젯밤 이곳 숙소에 있는 한 여학생은 화려한 옷을 입고 칸을 다녀왔다. 어디서나 눈에 띌 듯한 노란 드레스였다. 이 친구는 저녁 식사를 하는 내내 자신이 찍은 사진 속 주인공 이야기에 시간 가는 줄 모르고 떠들었다. 영화감독이 꿈이라는 여학생은 칸을 다녀온 후 무척 상기되어 있었다. 오월에 칸으로 여행을 가는 사람들은 이처럼 의상에 신경을 써야 하는 걸까?

겉으로는 웃으며 여학생의 이야기를 듣고 있지만 나는 마음속으로 캐리어 속의 내 옷들을 하나씩 점검 중이다.

여행 중에 혹시 가방을 잃어버린다 해도 아까울 것 없는 옷들만 챙겨 온 나였다. 그중에 다행히 한벌의 옷이 생각났다. 파리에 있는 동안 혹시 뮤지컬을 보러 가게 되지 않을까 해서 준비한 옷이다. 시원한 '마' 소재로 만든 코발트 색 통바지와 하얀 리넨 블라우스는 지금 내가 가지고 있는 옷 중에 가장 정장에 가까우며 선명한 색깔의 옷이다. 하지만 오늘처럼 쌀쌀한 날씨에는 얇은 마바지가 어울리지 않을 것 같다. 더구나 하늘은 곧 비라도 내릴 듯이 우중충하게 구겨져 있다.

어쨌든 나는 초여름 정장을 입고 칸으로 간다. 누가 보면 초청장이라도 가지고 가는 것처럼 보이는 의기양양한 출발이다.

니스 빌 역 앞에서 환전을 하고 기차를 탔다. 40여 분을 달리면 칸에 도착한다.

붉은 카펫이 깔린 '팔레 데 페스티벌에 데 콩그레' 앞은 사람들로 가득 차 있다. 수많은 카메라들이 여기저기서 플래시를 터뜨리고 검은 양복을 입은 경호원들의 눈빛이 삼엄하다. 구경꾼들은 저마다 다양한 옷을 입었지만 등산복에 배낭을 멘 여행자들도 많았다. 인파 속에서 발꿈치를 들고 무대를 바라보았지만 도무지 보이지도 않을뿐더러 언뜻 보여도 얼굴을 알아볼 수 없을 만큼 거리가 멀다. TV 화면에서나 보던 광경을 눈앞에서 실제로 보고 있다는 것 외에 별다른 감흥이 없다.

갑자기 주변에 있는 한국 여행객들이 술렁거린다. 뭘까? 붉은 카펫이 깔린 계단 위로 사람들의 관심이 쏠린다. 대형 TV 화면에 내가 아는 얼굴이 나타났다. 우리나라의 이창동 감독과 주진모 배우다. 반가웠다. 평소에 알고 지낸 사이처럼 손을 흔들었다. 두 사람은 사회자와 짧은 인터뷰를 마치고 극장 안으로 사라졌지만 나는 꽤 오랫동안 감동스러워했다. 아마 오늘 민박집의 저녁 식사 자리에서 어제 그 친구보다 더 많은 이야기를 하게 될 것 같다.

이곳에 축제를 즐기러 오는 사람들은 본선에 오른 영화를 보기도 하고 축제 기간 동안 펼쳐지는 또 다른 행사를 즐기기도 한다. 어제 노란색 실크 원피스를 입고 칸에 온 여학생은 또 다른 행사를 즐기려고 온 게 아닐까, 영화감독이 되고 싶은 꿈을 가진 학생이니 옷을 차려입고 갈만한 장소가 있었을 것이다.

축제라는 것에 서툰 나는 인파가 몰려 있는 극장 앞이 혼잡스럽기만 할 뿐, 오히려 조용한 해변가를 걷는 게 좋겠다는 생각을 했다.

종려나무가 즐비한 크루아제트 산책로에는 길 양편에 고급 뷰티

크 샵이 있고 아름다운 정원 안에 특급 호텔들은 무척이나 화려했다. 칸 영화제 최고상인 황금 종려상은 이 해변에 줄지어 서 있는 종려나무를 보고 아이디어를 얻었다고 한다. 클로드 드뷔시 극장 앞의 핸드 프린팅 된 배우들의 손바닥과 종려나무의 넓은 잎사귀가 서로 닮은 건 우연의 일치겠지,

극장 앞이 아닌 길거리에서 더 많은 배우를 볼 수 있었다. 화려한 드레스를 입은 날씬한 미녀들이 여기저기 눈에 띈다. 귀여운 애완견을 데리고 나온 여인도 있고 경호원을 거느리고 걸어가는 미녀도 보인다. 거리를 배경으로 화보를 찍는 사람도 있다. 한여름처럼 온통 가슴까지 파인 드레스를 입고 있는 이 사람들은 대부분 연기자라고 한다. 다만 초대받지 못한 무명 배우들일 뿐, 지금은 화려한 드레스로 자신을 꾸미고 본 대회장이 아닌 거리에 서 있지만 언젠가는 당당하게 초대장을 받고 이 축제에 참석하게 될 날을 꿈꾸는 사람들이다.

이들 중에는 전 세계 영화인들의 이목이 쏠리는 이 시즌에 길거리 캐스팅의 희망을 품고 이곳에 오는 배우들도 있다고 한다. 어젯밤 민박집에서 주워들은 이야기지만 왠지 근거 없는 말은 아닌 듯하였다.

그사이 비가 한 차례 뿌렸다. 기온이 뚝 떨어져서 목에 두른 스카프만으로는 체온을 유지하기가 힘들었다. 오늘 같은 날, 한여름에나 입는 마바지를 입고 이곳에 온 내가 갑자기 광대가 된 느낌이 든다.

가지의 속살처럼 부드러운 남자가 좋다
앙티브의 재래시장

칸에서 한 차례 비가 내렸다.

이상하게도 이 나라 사람들은 비 맞는 걸 두려워하지 않는다. 춥지만 않으면 나도 이곳 사람들처럼 비 맞는 걸 즐기며 하루 종일 걸을 수 있을 것 같았다. 하지만 우리는 우산을 쓰지 않으면 안 되는 머리카락을 가졌다. 물에 젖어도 굽실한 그들의 머리카락과 달리 찰싹 들러붙는 머리카락 때문에 물에 빠진 생쥐 꼴이 되고 만다. 하지만 생각하기 나름, 비 오는 날의 기차여행도 제법 운치가 있다.

우리는 니스로 돌아가기 전 중간에 있는 도시 앙티브까지 가는 기차표를 끊었다.

프랑스는 예술가들의 사후 흔적을 그들이 살면서 열심히 작품 활동을 한 마을을 통해 알려 준다. 아를은 고흐를, 엑상프로방스는 세잔을, 생 폴 드방스는 샤갈, 그리고 이곳 앙티브는 피카소의 흔적을 기린 마을이다. 예술가들이 묻힌 무덤은 하나같이 소박하지만, 삶의 자취는 살아온 곳에서 영원히 기억되고 있다.

니스와 칸 사이에 있는 도시인 이곳 앙티브는 구 도시에 있는 그리말티성을 개조하여 피카소의 뮤지엄으로 만들었다. 이곳까지 와서 피카소를 만나지 않고 갈 수는 없었다.

다행히도 앙티브에 도착하자 비가 멎었다. 역 앞에 바로 공원이 있고 공원 끝자락에는 지중해가 펼쳐져 있다. 작은 항구에는 요트들이 빼곡히 들어차 있다. 코스타쥐르 해변에 있는 도시들은 정박해 둔 요트들의 수로 부를 가늠한다. 작은 도시이지만 과장해서 이 쑤시게 하나 꽂을 수 없을 만큼 빽빽하게 세워 둔 요트들이 있는 걸 보면 이곳이 얼마만큼 유명한 휴양지인지 가늠이 간다.

곧바로 피카소갤러리인 그리 말티 성으로 갔지만, 점심시간에는 잠시 휴관을 한다며 기다려 달란다. 그리 말티 성 바로 아래에 시장이 있다. 눈으로만 봐도 굉장히 활기찬 시장이었다.

앙티브의 재래시장은 물건의 종류가 다양했다. 남 프랑스 지역 어디를 가나 있는 마르세이유 비누를 비롯해 수없이 많은 종류의 올리브 장아찌와 올리브 기름, 갖가지 치즈, 과일, 야채, 모로코산 가죽 실내화와 실내 장식품 가까운 스페인에서 올라온 와인과 잼도 있다.

뜨거운 불화덕에 굽는 '소카'가 이 시장의 인기 먹거리인 듯 그 앞에 사람들이 줄을 서 있다. 나도 기다란 줄 끝에 서서 기다렸다. 오늘 점심은 이곳에서 먹기로 했다. 시장이 좋은 이유는 이렇게 격식 없이 음식을 사 먹을 수 있기 때문이다. '소카'는 이 지역 사람들이 즐겨 먹는 간식인데 우리의 감자전과 비슷하다. 기름에 지지는 것과 화덕에 굽는 것만 다를 뿐 맛은 거의 똑같았다.

이곳 시장에서 팔고 있는 채소나 과일은 빛깔이 무척 선명했다.
지중해의 태양 빛을 푸짐하게 받고 자란 열매들은 자신들 본연의 색깔을 유감없이 발휘한다. 그중에서도 붉은 토마토와 청 보라색 가지의 색깔이 유난히 곱다. 자극적인 색깔에 이끌려 몇 개 골랐다. 토마토는 아침에 주스를 만들어 먹고 가지는 올리브 기름에 지짐을 부쳐 먹을 요량이다. 시장에서 기념품이 아닌 식료품을 사면서 왠지 이 고장 사람들과 비슷해져 간다는 기분이 들었다.
가지와 토마토가 담긴 봉투를 들고 오면서 이곳에 오기 전 기차 안에서 만난 다정한 노부부를 생각했다. 비에 젖은 부인의 머리를 닦아주느라 정작 자신의 젖은 머리카락은 아랑곳하지 않았던 남편이다.
이 나라의 노부부들은 젊은이들보다도 더 애정표현을 잘하는 것 같다. 겉으로는 프랑스 사람 특유의 무뚝뚝함이 있지만 아내를 감싸 주는 마음은 가지의 속살처럼 부드러워 보인다.
겉모습과 다르게 부드러운 속마음을 가진 가지와 같은 사람이 있는가 하면 겉과 속이 닮아서 속마음을 금방 들키고 마는 토마토 같은 사람도 있다. 사람마다 제각각 결이 다르다.

우리 남편은 토마토다. 속마음을 숨기지 못하고 그대로 얼굴에 드러난다. 지금 남편은 다시 피카소 뮤지엄이 있는 그리말디 성으로 올라가기가 싫은 눈치다. 걸어서 시장을 구경하고 점심까지 먹고 나니 나른하였던 것이다.

"그럼 당신은 여기서 쉬고 있구려."

카페에 남편을 남겨두고 나는 홀가분하게 프랑스 영주권을 가지고 있는 남자, 피카소에게로 갔다.

샤갈의 마을
생 폴 드 방스에서는 운이 좋은 만남을 꿈꾼다

삼월에 눈이 오면
샤갈의 마을에 쥐똥만 한 겨울 열매들은
다시 올리브 빛으로 물이 들고
밤의 아낙네들은
그해의 제일 아름다운 불을 아궁이에 지핀다.

- 김춘수 「샤갈의 마을에 내리는 눈」 중에서

「샤갈의 마을에 내리는 눈」이라는 김춘수의 시를 샤갈보다 더 먼저 알았다. 샤갈이 그린 '나와 마을'이라는 그림을 보고 영감을 얻어 시를 썼다는 시인의 후기를 읽고 샤갈의 마을을 나름대로 상상해 본 적이 있었다.

그림 속 암소의 눈은 영롱하였고 샤갈 자신의 모습을 그린 남자의 얼굴은 초록으로 표현되었다. 꿈을 꾸듯 몽롱한 그림이다.

생 폴 드 방스는 '샤갈의 마을'이라고도 불린다. 이 마을을 사랑한 샤갈은 이곳에 머물며 그림을 그리다가 이곳에서 삶을 마감하였다. 과연 '나와 마을'이란 그림과 생 폴 드 방스는 얼마나 닮아있을까?
샤갈의 마을인 '생 폴 드방스'로 가는 오늘은 전형적인 오월의 봄 날씨다. 어젯밤 숙소에서 이곳으로 가는 교통편을 알아보던 중에 숙소 사장님이 직접 운전하는 차를 타고 이곳 식구들과 함께 가기로 했다. 미술을 전공하러 이곳에 왔다가 눌러앉았다는 사장님의 프랑스어 실력은 원주민 못지않았다.
마을 입구에서 그 앞에 있는 '콜롱브 도르 호텔'에 대하여 설명해 주었다.
이 호텔은 근현대 화가들의 진품 그림을 많이 소장하고 있어 더욱 유명한 호텔이라고 한다. 밖에서 본 호텔의 규모는 그다지 크거나 화려해 보이지 않았다. 하지만 이곳에서 하룻밤 묵기 위해서는 꽤 오랜 기간을 기다려야 된다고 한다. 프랑스 배우 이브 몽땅이 결혼식을 올리면서 더 입에 오르내렸다는 이 호텔은 원래 성 밖에 있는 초라한 여인숙이었다. 가난한 화가들은 이곳에 머물며 그림을 그렸고 숙식비 대신 자신들이 그린 그림을 주인에게 맡겼다. 시대가 바뀐 지금 저당 잡힌 작품들은 값을 매길 수 없을 만큼 호가하여 그 후손들에게 고급스러운 호텔로 격상시켜 준 것이다.

숙소 사장님은 전에 이곳에서 칸에서도 만나지 못했던 유명한 배우들을 만난 적이 있다고 하며 운이 좋으면 오늘도 누군가를 만나게 될 것이라고 했다. 운이 좋으면… 누군가를 만났을 때 운 때문이라는 생각은 한번도 해보지 않았는데 그 말이 마음에 와닿았다.

    마을 전체를 돌로 둘러쌓은 성곽 때문인지 왠지 이곳은 변화무쌍한 바깥세상과는 무관해 보였다.
    성문을 지나자마자 현대의 것이라곤 투명하게 비치는 햇빛뿐인 중세의 마을이 신기루처럼 나타났다. 타임머신을 타고 순간 이동을 하면 이런 기분일까? 더구나 내 앞에 펼쳐져 있는 길은 차마 밟고 지나가기가 조심스러울 만큼 정교하게 자갈을 박아서 꾸민 길이었다.
    마을 중앙에 있는 그랑Rue Grand 거리는 그 옛날에는 마차가 다니는 신작로였을 것이다. 꽃과 화병, 나비와 태양 등 자잘한 자갈로 자연의 이미지를 꼼꼼히 수놓은 길은 언덕으로 이어져 있다. 이 길 끝에는 무엇이 있을까, 아름다운 '자갈 카펫'을 밟으며 언덕 위로 오르는 동안 몽환적인 샤갈의 그림 속으로 걸어 들어가는 느낌이 든다.

    생폴 드 방스는 마을 전체가 뮤지엄처럼 보인다. 창가에 걸어 둔 꽃 하나가 훌륭한 인테리어 소품이 되고 금 간 항아리도 품위 있는 장식품이 된다. 예쁘게 꾸민 가게들과 길가에 장식된 조각품, 돌계단 위에 아무렇게나 놓은 듯한 화분들, 맑은 물이 솟아나는 분수대의 조각들을 보면 이 마을 사람들의 몸 안에는 분명 예술적 감각이라는 또 하나의 유전자가 있는 것처럼 느껴진다.
    여자들은 맘에 든 소품 하나를 구입하면 기분이 좋아진다. 골목에 있는 편집 샵에서 왕골 모자를 구입 하고 발걸음도 가볍게 언덕을 오르며 샤갈의 동네를 구석구석 누빈다.

집과 집 사이로 난 길을 따라가다 보면 홀연히 사라지는 골목길과 언덕으로 오르는 돌층계, 지도에는 대분수라고 표기되었지만, 대분수라고 하기에는 규모가 작은 분수광장의 조형물들, 초현실주의였던 샤갈은 이런 풍경들을 주로 하늘 위를 나는 사람들과 꽃, 그리고 붉은 집들로 경쾌하게 표현했다. 파리의 오페라 가르니에에서 샤갈이 그린 천장화를 목이 아프게 올려다보며 느꼈던 밝고 따뜻한 분위기가 지금 이곳에서 몽글몽글 솟아나고 있다.

작가 김춘수는 이곳에 오지 않고도 이곳을 와본 듯 시를 지었다. 그가 노래한 샤갈의 마을은 쥐똥만 한 겨울 열매들이 다시 올리브 빛으로 물드는 삼월이었지만 지금 이곳은 오월의 정점, 성벽 아래는 붉은 양귀비꽃이 한창이다. 양산을 쓰고 양귀비 언덕을 넘어오는 모네의 그림 같은 배경이 도처에 널려 있다. 따뜻한 햇볕과 부드러운 바람, 눈이 시리게 푸른 하늘과 구름, 넓은 들판, 오월의 프로방스에서 볼 수 있는 모든 것들을 이곳 샤갈의 마을에서 한눈에 감상할 수 있다.

마을 끝 언덕 아래에 있는 공동묘지에서 샤갈의 묘를 찾기는 쉽지가 않았다. 화려하고 웅장할 것이라는 선입견과 달리 초입에 있는 샤갈의 묘는 너무나 소박하였다. 네모난 대리석 무덤 위에는 이곳을 다녀간 여행자들이 얹어 놓은 돌멩이가 동그란 하트를 이루고 있을 뿐 흔한 꽃다발 하나 놓여있지 않았다. MARC CHAGALL(1887-1985)이라는 이름이 적힌 그의 묘를 바라보며 한 시대를 살다가 간 예술가의 삶과 죽음에 대하여 생각하였다.

샤갈의 영혼은 이곳 생 폴 드 방스에서 영원히 살아있다. 그의 작품에서 느껴지는 모습 그대로 간직되어있는 이곳의 따뜻하고 사랑스러운 분위기를 보며 이곳 사람들이 묘지를 화려하게 꾸미지 않는 이유를 알 것 같았다.

돌계단으로 이어진 골목길을 따라 걷는다. 오래된 벽돌집에서 네모 난 창문의 주인이 불현듯 중세의 옷을 입고 나타날 것만 같다. 양귀비꽃이 지천으로 핀 들판에서 불어오는 바람은 거추장스러운 옷을 벗게 하고 나는 에메랄드빛 하늘을 온전히 느끼고 싶어 선글라스를 벗고 하늘을 바라보았다.

일행 중 누군가 "아~ 이런 곳에서 결혼식을 올리고 싶다"라고 속마음을 드러낸다. 누군가는 이런 곳에서 결혼식을 올리고 싶고 누군가는 또 이렇게 아름다운 곳에서 삶을 마무리하고 누군가는 이런 곳에서 하루만 더 있고 싶다고 한다.

『연금술사』를 지은 파울로 코엘로는 '무엇인가 간절히 원하면 우주가 곧 그것을 이루기 위해 도와준다'라고 했다. 이렇게 아름다운 자연이 내 속마음을 엿듣는다면 언젠가 이곳에 다시 올 수 있는 행운을 가져다줄지도 모른다.

꿈을 꾸듯 몽롱한 이곳 생 폴 드 방스는 누구나 가장 운이 좋은 만남을 꿈꾸게 한다.

화가 나면 실컷 울어도 돼
베르동 협곡의 불청객

　오래전, 신비로운 자연 앞에서 울컥한 적이 있었다. 풍화와 침식이 만들어 낸 대자연을 바라보며 감탄이나 탄성을 지르기에 앞서 뭔가 모르는 감정이 치밀어 올라서 한동안 멍하니 바라보았던 장면, 바로 미 서부여행 중에 갔었던 그랜드캐니언에서였다.

　나를 감동 시킨 그랜드캐니언 협곡 다음으로 웅장한 곳이 프랑스 남동부에 있는 베르동 협곡이다. 사람들은 이곳을 유럽의 그랜드캐니언이라고 부른다.

　미국의 그랜드캐니언에서는 겹겹이 쌓인 지층 아래로 유유히 흐르는 콜로라도 강물을 보며 인간의 무력함을 느꼈었는데 이곳 베르동 협곡은 거대한 절벽 아래로 흐르는 알프스 빙하의 옥색 물빛에서 아름다운 자연을 창조한 신을 떠올리게 한다.

　처음 계획으로는 자동차를 렌트해서 오려고 마음먹은 곳이었지만 길이 험하다는 말을 듣고 현지 여행사를 통해서 여행하기로 계획을 변경했다. 절벽 위로 난 울퉁불퉁 좁은 길을 유연한 솜씨로 운전하는 기사님의 운전실력이 대단해 보였다.

시야가 넓어지고 깎아지른 절벽 아래로 계곡의 푸른 물줄기가 보이면서 차를 렌트 하지 않길 잘했다는 생각이 들었다. 하마터면 저 아름다운 경치보다 자동차의 백미러만 바라보고 왔을 뻔했기 때문이다.

오늘 함께 여행을 온 팀은 모두 세 팀이었다. 서로 바라만 봐도 눈에서 꿀이 뚝뚝 떨어지는 신혼부부와 첫아이를 임신하여 임신 축하 여행을 왔다는 젊은 부부, 그리고 우리 부부였다. 우연히도 결혼해서 아이를 낳고 늙어가는 인생의 순리를 조합해 놓은 듯한 여행의 멤버들이다.

차창 밖으로는 천 길 낭떠러지다. 자동차를 타고 바라보기에도 두려운 이 길을 산악자전거를 타고 바람을 일으키며 달리고 있는 사람들이 있다. 말 근육처럼 튼튼한 종아리를 쭉쭉 뻗어 페달을 밟는 모습에 건강함이 넘친다.

베르동 협곡으로 난 이 길은 200년 전 나폴레옹이 자신의 군대를 이끌고 넘어온 길이라고 한다. 방금 산악자전거를 타고 간 사람들이 사라진 길 끝을 바라보며 뿌연 흙먼지를 일으키며 말을 타고 달렸을 군사들의 모습을 상상해 본다. 산을 넘느라 지치고 힘들었을 군사들도 절벽 아래로 펼쳐지는 경치를 보고 탄성을 지르지 않았을까?

알프스를 바라보며 여행을 한 적은 있지만 이렇게 알프스의 품으로 들어와 본 적은 처음이다. 하얀 화강암이 넓게 퍼져 있어서 멀리서 보면 마치 하얗게 눈이 쌓인 풍경처럼 보인다.

 차에서 내려 산 정상에 서 있는데도 아직도 발바닥이 근질거린다. 전망대 아래로는 천 길 낭떠러지였다. 멀리 보이는 생트 크루아 호수와 탁 트인 하늘, 꿈틀거리는 계곡의 옥색 물빛이 너무나 아름다워서 무서움도 잊은 채 오랫동안 바라보았다.

 산 아래에 있는 생트 크루아 호수는 계곡에서 흘러내린 물을 모아 놓은 인공호수다. 아까 산 위에서 멀리서 봤을 때와 달리 호수의 물빛은 불투명한 옥빛이었다. 빙하가 녹아서 흐른 물은 바닥을 보여주지는 않았다.

 이곳에서 잠시 여유로운 시간을 가졌다. 신혼부부는 오리배를 타고 젊은 부부는 패들보트를 탔다. 나와 남편은 호숫가를 산책하며 알프스 숲의 정취에 푹 빠졌다. 주변에 붉게 익은 야생체리를 따먹기도 하고 호수 위에 한가롭게 떠 있는 청둥오리들을 바라보며 여행의 단맛을 즐기고 있었다. 하지만 우리의 행복한 시간은 그리 오래가지 못했다.

 멀리 호숫가 선착장에서 다급하게 부르는 손짓을 보았다. 얼굴이 하얗게 질린 기사님은 우리에게 차 안에 중요한 물건을 두고 내렸는지부터 물었다. 방금 우리가 타고 온 자동차의 뒷좌석 창문이 심하게 깨져 있었다. 누군가 차 안에 있는 물건을 훔쳐가려고 잠가져 있는 창문을 깬 것이다. 산산조각이 된 유리 파편이 의자에 낭자하게 흩어져 있고 그곳에 두고 내린 남편의 배낭이 없어졌다. 다행히 여권과 지갑이 들어있는 다른 가방은 몸에 지니고 있었다. 잃어버린 배낭 안에는 여행 중에 필요한 소지품들이 들어있었다.

아름다운 생트 크루아 호수에서 이런 일을 당할 줄 몰랐다. 신은 아름다운 자연을 창조하셨고 인간에게 선악과도 먹게 하셨다. 방금까지 자연을 보고 감탄했던 마음이 깨어진 차창보다 더 아프게 부서져 버렸다.

기사님이 화장실에 다녀오는 잠깐 사이에 일어난 일이었다고 한다. 말로만 듣던 자동차 털이범을 이런 공해 없는 자연 속에서 만나게 되다니….

여행 중에 현지 경찰서를 가게 될 줄은 꿈에도 몰랐다. 경찰서에는 우리 말고도 피해자들이 많았다. 주로 자동차로 여행하는 사람들이 피해를 보았다. 어떤 젊은 부부는 차에서 내려 사진을 찍는 사이에 감쪽같이 뒷좌석에 둔 캐리어를 도난당했다고 한다.

파리에 처음 도착 한 날, 한인 택시 기사님이 한 말이 떠올랐다. 여행 중에 소매치기를 당하는 것은 모두 자신이 못나서 당한다는 말, 그 말이 맞다.

처음 이곳에서 길가에 세워 놓은 자전거의 앞바퀴가 없는 것이 이상했다. 그러나 세워둔 자전거의 바퀴까지 훔쳐가는 극성스런 소매치기들 때문에 자전거 주인은 아예 바퀴를 분해해서 들고 간다는 말을 듣고는 이해하게 되었다. 우리도 저 자전거의 주인처럼 우리 물건은 우리가 지켰어야만 했다.

제복을 입은 경찰이 서류를 건네주며 배낭 안에 들어있는 물건을 모두 적으라고 한다. 금방 찾아 줄 것처럼 깐깐하게 조서를 꾸민다.

보온병, 카디건, 양산, 머플러, 열쇠 등 잃어버린 물건들의 내역을 적다 보니 훔쳐 간 사람에게는 필요가 없지만 나에게는 소중한 물건들이었다. 여행 오기 전에 보험을 들어 놨으므로 우리는 착실하게 서류를 챙겼다.

경찰서에서 조사를 마치고 돌아오는 길에 갑자기 하늘에 먹구름이 끼더니 앞이 보이지 않을 만큼 소나기가 퍼붓는다. 깨어져 버린 차창으로 빗물이 들이닥친다. 온몸이 축축하게 젖었다.

그래, 실컷 퍼부어라. 너도 나처럼 화가 난 것이야….

누가 내 마음에 별을 달았을까
무스티에 생트 마리

　무스티에 생트 마리는 밤에 쓰는 연애편지 같은 마을이다. 언덕에서 마을을 바라본 순간 내 입에서는 어머나…, 어쩌면…, 이럴 수가…, 너무나 예쁘다…, 등 내가 표현할 수 있는 아름다움에 대한 온갖 감탄사가 쏟아져 나왔다.
　지금껏 다녀 본 프로방스 마을 중에 사랑스럽지 않은 동네가 있었던가, 그런데 산속 깊이 숨어있는 마을 무스티에 생트 마리는 색다른 아름다움으로 내 발길을 멈추게 했다.

　거대한 바위산 아래 아담하게 자리 잡은 집들 사이로 흐르는 시냇물은 경사진 곳에 이르러 작은 폭포가 되어 떨어지고 물레방아는 시름없이 돌아간다. 늘어진 포도 넝쿨로 창가를 꾸며 놓은 집과 아기자기한 기념품 가게들, 하얀 레이스 커튼이 드리워진 창문, 집집마다 예쁘게 가꿔 놓은 작은 정원들, 산 위에 있는 노트르담 드 보부아르 성당의 성벽과도 같은 돌계단, 그리고 이 마을을 마음에 오래 새겨두게 만든 누군가 높이높이 매달아 놓은 절벽 사이의 별, 그 별을 바라보다가 문득 도종환 시인이 지은 「어떤 마을」이라는 시가 생각났다.

    사람들이 착하게 사는지 별들이 많이 떴다
    개울물 맑게 흐르는 곳에 마을을 이루고
    물바가지에 떠 담던 두견이 소리 별 그림자
    그 물로 쌀을 씻어 밥 짓는 냄새 나면
    굴뚝 가까이 내려오던
    밥 티처럼 따스한 별들이 뜬 마을을 지난다
    사람이 순하게 사는지 별들이 참 많이 떴다

베르동 계곡을 품고 사는 이곳 사람들은 매미와 별, 그리고 하얀 도자기를 사랑한다.

잠자리나 나비가 아닌 매미를 사랑한단다. 한여름 소음의 주범으로 환영받지 못하는 매미가 이렇게 아름다운 곳에서 사람들의 사랑을 받고 있는 줄 몰랐다.

담벼락에도 창틀에도 청동이나 도자기로 만든 매미가 매달려 있고, 엽서나 우표, 식탁보와 앞치마에도 매미가 수놓아져 있다. 심지어 매미 모양의 접시와 매미 모양의 초콜릿까지 있다. 이토록 매미를 좋아하는 이유는 뭘까? 프로방스 사람들은 사계절 중에서 유난히 여름을 반긴다고 한다.

미친 말의 갈기 같은 바람이라 부르는 미스트랄이 온 들판을 훑고 지나가는 봄이 지나고 기온이 섭씨 25도가 넘으면 매미가 울기 시작한다.

"매미가 울지 않으면 여름이 오지 않아"라는 말은 이 지방 사람들이 여름을 기다리며 하는 말이다. 그악스럽다고 표현하는 매미의 울음소리를 '프로방스의 오케스트라이며 태양열 가득한 자연의 심포니'라고 극찬하며 매미를 여름의 전령사로 알고 사랑한다.

포도 넝쿨이 초록으로 물들고 사랑스런 매미의 노랫소리를 들으며 그릇을 빚는 이곳 사람들의 여름은 무척 싱싱할 것이라고 상상해 본다. 작은 곤충 하나에도 무한한 사랑을 베풀어 주는 사람들, 왠지 동화 속의 요정들이 살고 있는 마을처럼 보인다.

이 마을에 사는 요정들은 정말 날개라도 달린 걸까? 목을 뒤로 젖히고 아무리 오래 바라봐도 사람의 힘으로는 절대 매달 수 없는 곳에 떠 있는 별 하나가 지금껏 내가 본 어느 별보다도 더 아름답다.

나는 별을 좋아한다. 별을 보면 우주가 보인다. 죽어서 별이 된다는 말을 믿지 않지만 그 말은 세상에서 가장 아름다운 말처럼 들린다. 캄캄한 밤하늘에 쏟아지는 듯한 별빛도 아름답지만 낮에 뜬 별은 더욱 아름다웠다.

가끔 별을 보려고 우리 집 옥상에 올라갈 때가 있다. 서울 하늘에 별이 있을 리 없지만, 선물처럼 별이 보일 때도 있었다. 한참을 바라보면 그 별은 서서히 공항 쪽으로 사라지는 비행기의 불빛이거나 아니면 유난히 큰 별은 스스로 빛을 내지 못하는 인공위성의 불빛이었다. 일부러 별을 보러 여행을 떠난 적도 있었다.

내 인생에서 가장 기억에 남는 별은 칠흑 같은 밤, 하와이 오하우섬의 탄탈루스 언덕에서 바라본 별과 이곳에 오기 전 몽생미셸에서 본 별, 지난 여름밤 반딧불이가 유영하는 남녘 땅 고흥에서 본 별이다.

탄탈루스 언덕은 불빛 하나 없이 깜깜하였다. 자칫하면 언덕 아래로 굴러 내가 별이 될지도 모르는데 용기 내어 자동차로 기어가다시피 언덕을 올라갔다. 어디인지도 모르는 곳에 차를 세우고 바라본 하늘엔 바늘 하나 꽂을 틈 없이 별이 박혀 있었다. 언덕 아래 파노라마처럼 펼쳐진 도심의 불빛과 마주하고 있는 별을 바라보며 처음으로 죽어서 별이 된다는 말을 믿고 싶었다.

탄탈루스의 별이 무희들의 옷자락에서 반짝이는 화려한 보석과 같다면 몽생미셸의 별은 신부의 드레스에 박힌 품위 있는 보석과도 같았다. 밤이 되어 별 무더기가 된 몽생미셸의 하늘 위에서 잔잔히 빛나고 있는 별들은 주인공을 더 빛내 주기 위해 제 빛을 내세우지 않는 소박한 별이었다.

전라도 고흥 땅은 아직도 밤이 되면 개똥벌레가 유영하고 있다. 서울 아이들이 별이 날아다닌다고 소란을 떠는 하늘 위에는 반딧불이 같은 별들이 촘촘히 박혀 있었다. 동생이 마련한 시골집에서 여름휴가를 보내며 밤이면 마당에 깔아 놓은 돗자리에 누워 하늘을 바라보았다. 씨앗처럼 뿌려진 별들, 은하수를 본 것도 참 오랜만이었다. 아이들과 함께 떨어지는 별똥별에게 소원을 빌어 보던 그 날의 별은 참 순수했다.

지금 또 하나의 별이 내 가슴에 뜨고 있다.

저 별은 전쟁에서 살아 돌아온 이 마을의 한 젊은이가 성모님께 봉헌하는 별이라고 했다. 달콤한 사랑 이야기가 전해질 줄 알았는데 거룩한 사랑의 표현이었다. 그래서였구나, 저 별을 바라보는 내 마음이 따뜻했던 것은….

별은 희망이고 위로이며 기도이다. 길을 잃고 헤매는 나그네에게 방향을 알려 주던 별, 깜깜할수록 더 밝게 빛나는 별을 보면서 슬픔을 견뎌냈을 수많은 사람의 별, 별을 바라보면 두 손이 저절로 모아진다.

깊은 산속 베르동 계곡 아래 오손도손 살고 있는 무스티에 생트 마리 사람들의 별은 이 마을 사람들의 마음을 모은 기도의 별이다. 사람들은 별을 따라서 간 동방박사처럼 저 별을 따라 이곳으로 모이고 이곳에서 아름다운 마음을 배우고 떠난다.

밥 티처럼 따스한 별이 뜬 마을, 그 마을을 지나며 마음이 따뜻해지는 것은 내 가슴에도 작은 별 하나가 뜨고 있기 때문이다.

오늘은 이곳에서 하루를 더 묵기로 했다. 덧창이 달린 호텔 창문을 여니 그곳에 낮에도 떠 있는 별이 보였다.

비어 있는 하루
망통의 푸른 하늘

　　지독하게도 푸른 하늘빛이었다. 박경리의 작품 토지의 배경을 따라 여행을 다녀오던 중에 광주에 있는 선인들의 묘역을 참배한 후였다. 줄줄이 늘어서 있는 묘비 위로 파랗게 펼쳐진 하늘, 그 하늘을 보면서 나는 가슴이 절여 왔다. 날카롭도록 시린 하늘빛이 아직 이루지 못한 것에 대한 무언의 항쟁처럼 느껴졌기 때문이다. 푸른 하늘조차 그냥 바라보기 민망했던 그 날, 처음으로 글을 쓰는 사람으로서 사명감을 느꼈다.

　　여행하다 보면 떠나기 싫은 곳이 있다. 어쩔 수 없이 내일의 계획에 떠밀려 아쉽게 떠났지만, 다시 오고 싶은 곳, 그런 날을 위해 여행 계획표 중에 비어 있는 하루를 만들어 놓았다. 호텔 예약도 기차 예매도 없이 하얗게 남겨둔 날, 오늘이 바로 그날이다. 하지만 아직 그곳이 어디가 될지는 우리도 아직 모르고 있다.

니스에서 거의 매일 기차를 탔다. 이제 니스 빌 역이 서울역처럼 편하게 느껴진다. 처음 이곳에 왔을 때 방향 감각을 잃고 어디로 가야 할지 몰라 황망하게 서 있었던 일을 생각하면 일주일이라는 시간이 절대 짧은 게 아니라는 생각이 든다.

목적지를 정하고 기차를 탈 때와 달리 목적지 없는 여행을 시작하려는 지금 정말로 나그네가 된 느낌이 들었다. 니스 빌 역에서 동쪽으로 가는 기차를 타면 에즈와 모나코와 그리고 망통으로 가게 되고 반대쪽으로 가는 기차를 타면 앙티브와 칸 멀리는 마르세이유까지 갈 수 있다. 에즈와 모나코 칸과 앙티브는 이미 다녀온 여행지였고 마르세이유는 앞으로 가야 할 여행지로 계획된 곳이다. 다녀온 여행지 중에 아쉬운 곳이 있기는 하지만 아직 가보지 못한 곳에 미련이 남았다. 우리는 동쪽으로 가는 기차표를 샀다.

니스에서 기차로 30여 분을 달려서 프랑스의 남동 쪽에 있는 망통으로 왔다. 지형상 이탈리아와 근접해 있는 곳이어서 마음만 먹으면 국경을 넘어서 이탈리아 여행도 할 수 있는 곳이다. 어느 책에서 망통에 사는 유학생이 쓴 글을 읽은 적이 있다. 그는 프랑스보다 물가가 싼 이탈리아로 자주 생필품을 사러 간다고 했다. 어차피 오늘 하루는 정해진 곳이 없으니 어느 곳이나 마음이 이끌리는 곳에서 머물 예정이다.

망통에서 내가 처음 마주한 것은 파란 하늘이다. 역에서 내려 처음으로 카메라 셔터를 누른 것도 망통의 하늘이었다. 마치 빗 자락으로 쓸어 낸 듯한 구름 한 조각이 걸려 있는 하늘빛은 내가 가장 좋아하는 코발트블루였다.

노란 오렌지 색 건물들이 유난히 많은 망통의 시가지에는 가로수도 온통 오렌지 나무였다. 2월의 오렌지 축제가 끝나고 계절이 바뀌었는데 아직도 가지에 오렌지가 달려있는 나무가 더러 있는 걸 보니 이 오렌지들은 가로수 과일로 제 역할을 하는 것 같다. 길게 늘어선 나무들이 우리를 바닷길로 안내해 주고 있다.

오렌지 나무의 상큼한 그늘이 끝나는 그곳에서 나는 무엇을 본 것일까? 바다와 하늘이 만나서 하나가 되어버린 탁 트인 공간에 꿈처럼 내가 서 있다. 끝없이 펼쳐진 망통의 푸른 하늘을 바라본 순간 우리가 머물러야 할 이유를 찾았다.

일 년 중 300일이 맑다는 망통의 기후, 그 하늘빛이 너무 좋아서 비어 있는 우리의 하루를 이곳에서 채우기로 했다.

망통의 긴 해변가 붉은 파라솔 아래에서 홍합찜과 스테이크 그리고 로제 와인을 시켰다. 유럽의 돈 많은 노인이 노후에 와서 살다가 이곳에 묻히기를 소망하는 곳, 오늘은 나도 그들을 코스프레해 본다.

프랑스 사람들은 세 시간씩이나 긴 식사시간을 갖는다고 한다. 나같이 성급하게 식사를 하는 사람은 전혀 흉내조차 내 볼 수 없는 이야기다. 그런데 오늘은 이곳 해변가 레스토랑에서 음식이 식어가는 것도 아랑곳하지 않고 천천히 식사를 하였다.

아직 휴가철이 아니어서 바닷가는 붐비지 않았지만, 모래 위에서 일광욕을 즐기는 사람들이 드문드문 보인다. 그 모습을 바라보며 천천히 스테이크를 썰었다. 뱃살이 두둑한 중년 부부의 해바라기 하는 모습은 마치 바위 위에서 서로 등을 기대고 햇볕을 쬐고 있는 바다표범을 보는 듯하다. 기다란 모래성을 만들고 있는 아기와 엄마도 사랑스럽다.

와인 잔 너머 바닷가 풍경을 바라보며 천천히 맛을 음미한다. 뚱뚱한 남자가 내 와인 잔 속에서 헤엄을 치고 있다.

따뜻할 때 먹어치워야만 맛있을 줄 알았던 음식이 식은 후에 오히려 본연의 제맛을 느끼게 해 주었다. 내 앞에 놓인 홍합찜은 따뜻할 때 진했던 버터의 향이 사라지면서 쫄깃하고 고소한 홍합의 본 맛을 가져다주었다. 홍합 껍데기가 수북하게 쌓였다. 별로 많은 이야기를 한 것 같지 않은데 시간이 제법 흘렀다.

우리가 계획하는 여행은 조금 더 여유로울 줄 알았다. 하긴 어느 한 편을 포기하면 천천히 바라볼 수는 있었지만 한 곳을 건너뛴다는 게 쉽지 않았다. 매표소 앞에 늘어선 관광객의 긴 줄을 피하기 위해 일찍 숙소를 나서야 했고 미리 예매해 둔 기차 시간에 늦지 않으려고 뛰어야 했다. 낯선 곳에서 불안해하며 신경을 곤두세우는 일도 힘들었다.

오늘 하루 망통에서는 긴장하지 않아도 된다. 사람들은 착하고 국경을 넘어 이탈리아에 가지 않아도 맛있는 음식을 정직하게 사 먹을 수 있다. 엎어진 김에 쉬어 가라는 우리 속담처럼 여행 중에 휴가를 받은 날을 천천히 여유 있게 즐기고 있다.

해변가에 있는 호텔은 밖으로 나가지 않아도 아침이면 프랑스에서 가장 먼저 뜨는 해를 맞이할 수 있다. 오렌지 축제가 열리는 2월이라면 상상도 할 수 없는 일이다. 호텔 침대에 누워 일출을 바라보는 날이 일생에 몇 번이나 있을까, 망통에서는 날이 흐려서 일출을 볼 수 없으면 어떨까 하는 걱정을 하지 않아도 된다. 일 년 중 대부분이 맑은 날이기 때문이다. 바다에서 금방 떠오른 해는 물에서 건져 낸 붉은 토마토처럼 물이 뚝뚝 떨어질 것 같았다.

주변에 흩어지는 여명이 없이 애드벌룬처럼 떠오르는 해를 바라보면서 망통을 프랑스의 진주라고 하는 까닭을 알았다. 테라스에서 일광욕을 즐기는 노부부가 아침 인사를 한다. 우리도 오늘 하루는 여행객이 아닌 휴양객이 되어 마음껏 게으름을 피워 본다.

이제 우리의 여행도 반으로 접어들었다.

프랑스의 이태리 할아버지

망통은 발 닿는 대로 걸어도 바다가 곁에 있다. 올드 타운의 중심 거리인 생 미셸 거리 시장의 노천카페에 앉아 뛰어노는 아이들을 바라본다. 아이들이 노는 모습은 어디나 똑같다. 도망 다니고 넘어지고 울다가 웃는다. 아이들과 함께 사진을 찍어도 되느냐고 물었더니 선뜻 승낙해 준다. 친정어머니를 배웅하는 배부른 임산부 딸의 모습에서 우리네와 같은 그리움의 눈빛도 보았다.

오후에는 장 콕도 미술관을 가보기로 했는데 걷다가 보니 바닷가 끝에 보이는 미술관과 마주쳤다. 그냥 지나칠 수 없어 들어가기로 한다. 계획 없이 움직이는 하루가 너무 좋다.

미술관의 정문을 찾으려고 빙빙 돌다가 원래 프랑스 군대를 물리치기 위해 지은 요새라는 걸 알았다. 프랑스 땅에서 프랑스 군대를 물리치다니, 예전에는 이곳이 이탈리아 가문이 지배하고 있던 이탈리아 땅이라고 했다. 망통에는 이탈리아 문화가 곳곳에 잠재해 있다고 한 말이 이해되었다.

나는 숨은 그림 찾듯 프랑스에 숨어 있는 이탈리아를 찾아보기로 했다. 그 반대로 이탈리아에 숨어 있는 프랑스를 찾아보는 것도 재미있겠다는 생각을 했다. 그런데 이탈리아는 내가 찾지 않아도 스스로 찾아와 주었다. 할아버지 한 분이 어린 사내아이의 손을 잡고 골목길에서 걸어 나오다가 나와 눈이 마주쳤다. 아마 우리가 길을 잃고 헤매고 있는 줄 알았나 보다.

"생 미셸 교회를 찾는 거지? 날 따라와."

할아버지는 대답도 채 듣지 않고 성큼성큼 앞장서서 걸어간다. 우리는 아이와 함께 셋이서 졸랑졸랑 따라 올라갔다.
뾰족한 종탑이 있는 교회는 지금껏 본 프랑스 성당과는 다른 건축물이었다. 굵직하고 웅장한 기둥이 있는 바로크 양식의 건물이다. 이탈리아의 건축양식이 들어있다고 하더니 바로 이런 것이었구나.
생 미셸 교회로 올라가는 계단은 마치 얌전한 아가씨가 무릎에 두 손을 포개듯 대각선으로 서로 교차하게 만들어 놓았다. 그곳에 웨딩드레스를 입은 신부를 세워 두면 너무나 잘 어울릴 것 같았다.

할아버지는 생 미셸 교회를 보며 연신 엄지손을 치켜들었다. 자신은 이탈리아 사람이며 이곳은 예전에 자신의 조상들이 살았던 땅이라고 설명해 주었다. 노인답지 않게 꼿꼿한 어깨가 왠지 자부심이 있어 보인다. 이 계절에 입기에는 좀 더워 보이는 헐렁한 코르덴 바지의 뒷주머니에 한 손을 집어넣고 서 있는 모습이 흡사 곧 권총이라도 꺼낼 듯한 영화 속의 카우보이를 연상하게 한다.

저 할아버지는 아마 나 말고도 이곳에 오는 다른 여행객에게 생 미셸 교회를 알려 주고 이 땅이 자신들의 땅이었다고 자랑스럽게 설명해 주었을 것 같다. 비록 지금은 자기 나라 땅은 아니지만, 여전히 이탈리아 사람으로 살면서 자신의 조상들에 대한 명예를 회복하는 데 일조하고 있으며 그것이 자신이 해야 할 의무라고 생각하는지도 모른다.

고맙다는 눈인사를 했다. 할아버지는 한 손을 번쩍 올리며 "굳 럭"이라고 프랑스어도 이탈리아어도 아닌 영어로 짧고 굵게 인사를 하고 오던 길로 의연히 걸어가신다. 그 뒤를 사내아이가 다시 졸랑졸랑 따라가고 있다.

이탈리아 사람들은 왜 저렇게 멋있는지, 나는 생 미셸 교회보다도 할아버지의 뒷모습을 더 오랫동안 바라보았던 것 같다.

마르세이유 다시 보기
편견에 대하여

여행하면서 처음과는 달리 몸과 마음이 많이 유연해지고 있다는 걸 느낀다. 직접 체험하고 경험하면서 남이 쓴 글은 글쓴이의 주관적 생각일 뿐이라는 걸 알았기 때문이다. 여행 준비를 위해 오프사이트에서 여행자료를 찾다가 누군가의 블로그에서 마르세이유에 관한 글을 읽었다. 흑인과 소매치기, 노숙자들이 많아서 눈살이 찌푸려지더라는 글이 있었다. 프랑스에서 가장 큰 항구 도시인 마르세이유로 떠나는 날은 그래서 더욱 긴장했다. 항구 도시의 특성상 이방인도 많을 것이고 도시 분위기 또한 다른 곳과 달리 거칠 것이라 여기며 한번 부딪쳐 보자는 각오로 니스에서 TGV를 타고 이곳으로 왔다.

마르세이유에 도착해서 지금까지 내가 가장 많이 한 말은 "이곳에 오지 않았다면 후회할 뻔했어."라는 말이었다. 잘못된 판단으로 하마터면 지나쳐 버렸을 이 도시를 만나게 된 건 분명 여행의 신이 우리를 저버리지 않은 것이다.

　마르세이유는 과거의 시간 속으로 여행을 온 듯한 착각이 들 정도로 모든 게 중세의 모습 그대로였다. 중세의 화가들이 그린 풍경화 속에 사람들의 모습만 바뀌었을 뿐, 항구의 모습도 활기찬 거리도 화려하고 웅장한 성당과 요새도 모두 제 모습 그대로 유지하고 있었다. 마르세이유는 아름다운 도시일 뿐 아니라 사람들도 친절했다.

　숙소인 아파트 호텔의 베란다 창문을 열자 멀리 언덕 위에 황금빛으로 빛나는 성모상이 보였다. '노트르담 드 가르드' 성당의 성모님은 마르세이유의 가장 높은 언덕에서 시내를 내려 다 보고 있었다. 우리는 제일 먼저 '노트르담 드 가르드' 성당을 가보기로 했다. 멀리서도 눈에 보이기 때문에 누구나 쉽게 찾아갈 수 있을 그것으로 생각했다. 하지만 걸어서 올라가기로 한 것은 무모한 도전이었다. 언덕은 높고 골목이 여러 갈래라서 성당을 눈앞에 두고도 헤매어야만 했다.

　유모차에 아기를 태우고 오는 부인에게 길을 물었다. 부인은 언덕길을 어렵게 유모차를 밀고 올라와서 우리가 편히 갈 수 있도록 자세하게 알려 주었다. 함께 유모차를 밀어주고 싶었지만, 어린아이들에게 극도로 예민한 유럽 사람들의 마음을 알기에 미안하다는 말만 계속하며 따라갔다. 부인은 상냥하게 웃으며 좋은 여행이 되라며 인사하고 헤어졌다. 다음부터는 절대로 유모차나 무거운 짐을 들고 지나가는 사람들에게는 길을 묻지 않기로 했다.

　성당은 내가 지금까지 본 어느 성당보다 아름다웠다. 줄무늬 파자마를 입은 것처럼 직선 문양의 대리석으로 지은 외관은 멀리서도 두

드러져 보였고 금장의 내부장식이 화려했다. 다른 성당과 달리 천장에 작은 배의 모형들을 매달아 둔 것이 특이하다. 선인들의 무사 항해를 기원하는 항구 도시의 특성이 보였다.

성당의 테라스는 마르세이유 전체를 전망해 볼 수 있도록 동서남북이 훤하게 뚫려 있다. 그 아래로 지중해가 보이고 요트가 정박해 있는 항구와 도시의 골목까지도 자세히 보인다. 이렇게 넓고 좋은 전망대를 아무나 올라와서 볼 수 있게 하다니….

테라스에서 도시를 관망하고 있는 동안 성당의 문이 닫힐 시간이 가까워진 걸 알지 못했다. 다리가 역할을 하는 무거운 철대문을 들어올리면 우리는 영락없이 성당에 갇히게 되는데 뒤늦게야 허둥지둥 달려오는 남편과 나를 바라보며 천천히 내려와도 된다며 여유 있게 기다려 준 관리인 아저씨의 밝은 표정이 마르세이유의 첫인상을 기분 좋게 만들어 주었다.

마르세이유는 길거리에서 노숙하는 사람들이 많다는 말은 사실이었다. 생 마르세이유 기차역 근처를 지나다 보면 길가에 커다란 매트리스를 깔고 누워 있는 일가족이 있고 한낮에도 기차역을 오르내리는 계단 위에 고주망태가 되어 쓰러져 있는 노숙자가 보인다. 이들은 사람들의 눈살은 찌푸리게 할망정 누구에게도 위협을 주지는 않았다.

마르세이유를 처음 여행한 누군가는 저 모습을 보고 부랑자가 들끓는 도시라는 글을 썼을 것이다. 어느 도시나 빈민가가 있고 부자들이 사는 동네가 따로 있다. 특히 기차역 주변은 수많은 사람이 모이고 흩어지는 장소이기 때문에 그만큼 다양한 군상을 볼 수 있는 곳이다.

이곳을 찾는 여행자들에게 좋은 인상을 심어주기 위해 보기 흉한 광경들은 외압적으로 얼마든지 처리할 수 있겠지만 오히려 어느 사회에나 있는 빈부의 차이가 감춰지지 않고 그대로 노출된 모습이 개방적이고 자유스러워 보인다. 무엇이든 좋아하면 관대해진다더니 아무래도 내가 마르세이유를 너무 좋아하고 있나 보다. 하지만 마르세이유는 확실히 달랐다. 수십억 하는 요트 위에서 파티를 즐기는 사람들을 볼 수 있는가 하면 거리의 매트리스에서 잠을 자야 하는 사람도 볼 수 있는 곳이기에 더 매력적인 여행지인 것은 사실이었다.

아프리카와 가까운 곳에 위치한 지리적 요건 때문에 다른 도시보다 이민자들이 많이 와서 사는 도시, 그래서인지 이색적인 풍경도 눈에 많이 띈다. 벼룩시장에 나와 있는 물건들은 아프리카에서나 볼 수 있음 직한 토산품들이 있었고 거리에는 검은 피부를 가진 사람들이 많이 있다. 투박한 장사꾼 아줌마도 있지만 개의치 않았다. 그들도 모두 살기 위해 최선을 다하는 사람들이니까, 눈에 보이는 겉모습만 보고 쓴 부정적인 글을 믿고 마르세이유에 오지 않았더라면 나는 아마 반쪽짜리 여행밖에 하지 못 했을 것이다.

항구 앞 광장에는 노먼포스터의 작품인 거울지붕(파빌리온)이 있다. 사람들은 거울 지붕 아래에서 우스꽝스럽게 비치는 자신의 모습을 들여다본다. 날씬한 여인도 잘생긴 남자도 누구나 키가 작고 뚱뚱한 모습이 된다. 어느 각도로 바라보느냐에 따라 거울은 각각 다른 모습을 비춰준다. 편견은 거울 지붕과 같다. 볼록 거울에 비친 모습이 진짜 내 모습이 아닌 것처럼 편견의 뒤에는 진실이 숨어 있다.

여행을 준비할 때 누군가의 기록은 단지 작가의 주관적인 생각일 뿐, 너무나 거기에 의존하면 안 된다는 생각을 한다. 내가 아무리 좋았다고 해도 나만큼 느낄 수 없고 위험하고 두려운 곳이라고 해도 상황에 따라 다르기 때문에 경험자의 조언은 도움은 될지언정 결정 자체는 아니다. 나는 겨우 사흘 동안 이곳에 체류한 여행자였지만 내가 본 마르세이유에 대하여 세 가지 진실만은 말할 수 있다.

진실 1. 마르세이유는 자유로웠다

그릇에 수북이 담긴 체리를 단돈 3유로에 팔고 행복한 미소를 짓는 사람도, 거리의 매트리스 위에서 사는 노숙자도, 요트 위의 부자들도, 누구나 노먼 포스터가 만든 거울 지붕 아래에서 행복하게 미소를 지을 자유가 있다.

진실 2. 마르세이유는 조화를 추구한다

초 현대식 뮤셈 박물관과 중세의 건물인 생장 요새가 철 가교 하나로 이어져 있듯이 이방인들 또한 이 도시에서 하나의 모습으로 어울려 살고 있다.

진실 3. 이것 만은 편견이 아니다

누구나 이곳 마조르 광장에서 탁 트인 지중해를 바라본다면 내 안에 있던 모든 잡념이 물거품처럼 사라지는 경험을 하게 될 것이다.

마르세이유의 요리사
코리안 부아 베스

이른 아침, 구 항구의 발주 강가에서는 어시장이 섰다. 배에서 갓 잡아 온 생선들을 항구와 맞닿은 광장 한편에 늘어놓고 파는 즉석 어시장이다. 낯익은 생선들이 많았다.

어제 니스에서 이곳 마르세이유로 왔다. 이곳에 있는 사흘 동안은 키친 룸이 있는 아파트 호텔에서 지내기 때문에 직접 음식을 만들어 먹을 수가 있다. 여행의 즐거움 중에는 살림에서 해방되는 자유로움도 포함되는데 정갈한 조리 기구들과 식기, 전기 레인지를 보는 순간 음식을 만들고 싶은 마음이 들었다 솔직하게 말하면 이제부터는 경비를 절약해야만 한다.

우리의 여행 경비 중 교통비와 호텔비는 거의 여행 전에 정해졌지만, 하루 세끼 먹는 식대는 유동적이다. 간단하게 먹기로 하고 들어간 레스토랑에서 갑자기 식욕이 돌아서 비싼 음식을 시켜 먹기도 하고 빵순이의 원이라도 풀 듯 매일 빵 가게를 순방하기도 했다. 분위기가 좋아서 또는 화장실을 사용하려고 시도 때도 없이 마신 커피와 음료 숫값도 식대를 부풀리게 하는데 한몫을 했다.

여행 중반에 접어들어 중간 결산을 해보니 계획보다 경비가 훨씬 웃돌았다. 이제부터는 긴축재정에 들어가야 한다. 돈을 잘 써야 끝까지 즐거운 여행을 할 수가 있다. 오늘부터는 또 다른 여행의 즐거움을 느껴 보게 될 것이다. 현지에서 음식을 만들어 먹는 것도 때론 즐거움이 될 수 있으니까.

어제 하루 동안 이곳 마르세이유에서 꽤 많은 정보를 입수했다. 그 중 하나가 이른 새벽 발주강가에서 어시장이 선다는 소식이었다. 길가에 좌판을 벌여놓고 파는 간이 어시장이지만 바다에서 막 건져낸 듯한 싱싱한 생선들은 종류도 다양하였다.

"오늘은 내가 부아 베스를 만들어 줄 게."

나도 아직 먹어본 적 없는 요리를 하겠다고 말해 버렸다. 어시장에서 낯익은 생선들을 보자 왠지 모를 자신감이 생긴 것이다.

부아 베스는 마르세이유의 전통 음식이다. 옛날엔 가난한 뱃사람들이 끓여 먹던 생선 요리였지만 세월이 흐른 지금은 마르세이유를 대표하는 음식이 되었다고 한다. 마르세이유에 가면 당연히 먹어봐야 할 음식이라고도 했다.

인터넷에서 부아 베스를 소개한 글을 읽었다. 여러 가지 생선을 오랫동안 끓여서 우러난 국물 맛이 우리나라 생선 찌개의 맛과 비슷하더라고 했다. 먹어보지 않아도 왠지 그 맛을 상상할 수 있을 것만 같다.

눈에 익은 생선들이 많았다. 나는 가자미처럼 생긴 생선을 샀다. 아마 물속에서는 파랗고 노란 형광빛의 비늘이 무척 아름다웠을 것 같은 돔 종류의 물고기였다. 커다란 소라와 새우, 조개도 샀다. 여행 가방 대신 장바구니를 바꿔 들었을 뿐인데 마르세이유에서 오래 산 아줌마 같은 기분이 든다. 서로 어울려 사는 도시에서는 쉽게 화합할 수 있는 장점도 있다. 오는 길에 슈퍼에 들러 무와 파, 마늘도 샀다.

손질한 생선을 냄비에 넣고 된장과 고추장을 넣어 끓였다. 얼큰하게 고춧가루를 풀고 파와 마늘도 듬뿍 넣었다. 매콤한 찌개 냄새가 룸 안에 가득하다. 한 달 동안 프랑스 빵만 먹어도 좋을 것 같더니 그새 우리 음식이 그리웠나 보다. 자꾸만 뚜껑을 열어 보고 싶다.

소라는 삶아서 내장을 빼고 얇게 저며서 초고추장을 만들어 곁들였다. 반찬으로 멋진 횟감이 탄생 되었다. 국물 맛이 끝내주었다. 남편은 밥 한 그릇을 금세 다 비웠다. 말없이 잘 먹어 주는 건 내 요리에 대한 최고의 찬사다.

마르세이유의 전통 음식 부야베스는 둘이서 십만 원이 넘는 돈을 줘야 먹을 수 있는 비싼 음식이다. 내가 만든 코리안 부야베스는 3.5 유로로 우리 돈 오천 원이 들었다. 더 놀라운 것은 내일 아침에도 남아 있는 코리안 부아 베스로 아침 식사를 먹을 수 있다는 것이다.

내일은 또 어떤 요리를 만들어 볼까? 마르세이유에서 나는 요리사로 거듭나고 있다.

식스 센스
마르세이유의 초 긍정 할머니

여행의 묘미란 처음 겪는 것에 대한 내면의 갈등을 잘 풀어나갔을 때 느끼는 승리의 맛이다. 지독하게 고생을 하고도 여행이 즐거웠다고 하는 사람은 고생 끝에 결국은 뭔가를 이루어 냈기 때문이다. 처음 먹어보는 음식을 거부할 것인가 받아들일 것인가, 처음 만나는 사람을 믿어도 될 것인가, 처음 가는 이 길이 맞는 길인가, 낯섦을 극복하고 두려움을 이겨내면 그 끝에 새로운 만남의 설렘이 있다.

불어는 물론 영어도 남편이 전해 주는 말에 의존해야만 하는 나는 여행 중 가장 낯섦이 언어였다. 프랑스에 도착한 순간부터 내 귀에 들려오는 언어를 소리로만 들을 뿐 의미는 알아듣지 못하는 나는 청각 장애인의 불편함을 간접 체험하고 있다.

내가 불어를 처음 접한 것은 고등학교 때였다. 우리는 제2외국어로 불어를 배웠다. 일주일에 한 번 들어있는 불어 시간은 비전공자인 영어 선생님께서 맡아 가르치셨다.

불어를 담당한 영어 선생님은 열심히 강의하시다 보면 입가가 하얗게 변했는데 지금 생각해 보면 전공자가 아닌 선생님도 무척 힘들게 수업을 가르쳤던 것 같다. 아무튼, 그 시절 나의 불어 실력은 뻔하다.

봉쥬, 메르시 보끄, 띠아모, 갸르쏭, 엉, 되, 뜨후아… 정도, 그 후로 불어를 들어 볼 기회가 전혀 없었다. 어느 날 TV 화면 속에서 유난히 시끄러운 불란서 아줌마가 나와서 "울랄라~"를 외치는 것 외엔….

패키지여행으로 파리를 몇 번 다녀왔지만, 여행의 특성상 내가 현지인과 마주 보고 대화를 할 일이 없었다. 그런데 이번 여행에서는 어쩔 수 없이 현지인의 도움을 받아야 했고 그러려면 대화가 필수였다. 여행 초반의 청각 장애인이었던 내가 여행 중반에 들어서면서 남편보다 더 상황을 빨리 알아차리고 이해하고 있다면 믿을 수 있을는지, 나에게 오감 외에 또 하나의 감각이 있는 줄 이곳 프랑스에 와서야 알게 되었다. 나의 여섯 번째 감각은 평형이나 회전감각이 아닌 바로 눈치 감각이었다.

불어를 전혀 할 줄 모르는 남편은 누구에게 도움을 청할 때 영어로 말하지만, 상대는 가끔 자기 나라말로 설명해 줄 때가 있다. 그럴 때면 나는 육감의 센스를 동원해서 상대방의 몸짓과 표정을 관찰한다. 정작 남편은 이해하지 못하는 말을 나는 대부분 이해하곤 했다.

처음엔 나의 말을 불신하던 남편도 점점 나의 눈치 실력을 인정하더니 이젠 신뢰까지 하게 되었다. 상대방의 소리와 억양, 몸짓과 얼굴

표정만으로 나는 이제 상황을 판단하는 것을 넘어서서 스토리까지 이해하게 되었다. 식스 센스의 반전이다.

니스에서 마르세이유까지 가는 TGV 안에서 만난 초 긍정 할머니는 나의 식스 센스가 만든 한 편의 이야기다.

창밖으로 스치는 지중해의 풍경은 시간이 흐르는 게 아까울 정도로 아름다웠다. 대부분 배낭을 멘 여행객들은 2층에 있는 2등석으로 올라가고 우리가 탄 1등석은 아래층에 좌석이 있었다. 복도를 사이에 두고 나란히 놓여있는 쾌적한 공간의 옆 좌석에 할머니 한 분이 앉아 계시고 그 앞 좌석에는 어린아이를 안은 젊은 부부가 자리를 잡고 있었다. 1등석과 2등석의 차이는 아무래도 소란스러움과 고요함의 차이 같다.

두 살 정도 되어 보이는 사내아이는 눈이 너무 예뻤다. 에메랄드와 같은 푸른색 눈동자가 어찌나 맑고 투명한지 자꾸만 바라보게 된다. 나하고 눈이 마주쳐서 "까꿍"하고 아는 척했더니 조그만 젖니를 드러내고 소리 내어 웃는 모습이 너무 귀엽다. 예쁜 아이를 보고 불란서 인형 같다고 한 말이 어떤 건지 실감 난다.

불란서 인형은 지금 막 말을 배우는 참인가 보다. 냅다 소리를 지르기도 하고 입으로 풀무질 소리를 내기도 한다. 잠깐 쉴 틈이 없이 무어라고 지껄여 대고 있다. 나도 어린 외손녀가 있어서 저만한 시기의 아이들이 입을 잠시도 쉬지 않는다는 걸 알고 있다. 오죽하면 딸네 식구끼리 해외로 여행을 하는 중에 비행기 옆 좌석에 앉은 아주머니가 스튜어디스에게 자리를 바꿔줄 것을 요구했다고도 한다.

아이 아빠는 좌석에 앉아 있지도 못한 채 아기를 안고 서 있다. 아이를 달래면서도 주위에 신경을 많이 쓰는 눈치다. 아이가 손에 쥐고 있던 장난감을 할머니 치마폭에 떨어뜨렸다. 할머니는 장난감을 주워 아이 손에 쥐여 주며 이렇게 말했다.

"괜찮아요. 아이들은 다 그렇죠. 울고 있는 아이보다 훨씬 나아요."

그 후에도 아이는 계속 입으로 풀무질을 하였다. 3시간의 기차여행은 두 살짜리에게는 너무나 지루한 시간이다. 이윽고 아이가 칭얼대기 시작하더니 "으앙"하고 울음을 터트린다. 잠투정인 듯싶다. 이젠 아이의 엄마까지 일어나 어쩔 줄 몰라 한다. 연신 죄송하다며 고개를 숙인다.

"애기아빠, 괜찮아요. 아파서 축 처져 있는 아이보다 훨씬 나아요."

나는 지금 귀로 듣는 게 아니라 할머니의 미소 띤 얼굴을 눈으로 보면서 난해한 프랑스 말을 이해하고 있다. 나의 오감을 넘어 육감의 센스는 할머니가 사투리를 했다고 해도 충분히 알아들었을 것이다.
아이는 금방 잠 속으로 빠져들었다. 방금 탈무드 한 편을 읽은 것 같다.

III

그 섬에 내가 있다

그 섬에 내가 있다
프레 울 섬

남 프랑스에 온 첫날, 니스 빌 역 앞에서 한국에서 배낭여행을 온 두 명의 여학생을 만났다. 그들은 지금 마르세이유 여행을 마치고 오는 길이라며 마르세이유에 가거든 프리 울 섬에 꼭 다녀오라고 하였다. '너무나 예쁜 섬'이란 말을 여러 번 했다. 여행의 묘미 중 하나는 이렇게 계획에 없던 장소를 찾아가게 될 때다.

마르세이유 구 항구에서 프리 울 섬으로 가는 티켓을 구입하고 여객선에 올랐다. 지중해에서 바라보는 마르세이유는 물 위에 떠 있는 공중도시처럼 보인다. 멀리 노트르담 성당의 황금빛 성모님은 가장 마지막까지 우리를 배웅해 주었다.

프리 울 섬으로 가는 중간에 섬 전체가 웅장한 성벽으로 둘러쳐진 이프 섬이 보였다. 알렉상드르 뒤마가 쓴 소설 몬테크리스토 백작의 배경이 된 곳이다. 배에 탄 손님 중에 절반은 이곳 이프 섬에서 내렸다. 배에서 내린 여행객들은 몇 발자국 걷지 않아서 성안으로 사라져 버렸다. 중세의 감옥으로 사용된 이프섬은 뱃전에서 바라보는 것만으로 왠지 두려워 보였다.

이프 섬과 이웃한 섬이지만 프리 울 섬은 분위기가 달랐다. 온통 야생화 꽃밭이다. 섬 가장자리에는 거울처럼 투명한 바닷물이 고여 있는 넓은 웅덩이들이 군데군데 있어서 마치 누군가 일부러 만들어 놓은 풀장과도 같았다. 아무나 맘에 드는 곳을 차지해도 될 것 같다.

우리가 택한 해변에는 이미 두 어 팀이 해바라기를 하고 있었다. 비키니를 입은 채 엎드려 책을 읽고 있는 여인의 등이 빨갛게 익었다. 꽤 오랜 시간을 이곳에 있었나 보다. 바닷물은 너무나 맑고 깨끗하였다.

지중해의 외딴섬에서 바다를 온통 차지하고 수영을 하게 될 줄이야, 사실 물속에 오래 있기에는 수온이 조금 낮았지만, 이 계절이 아니고서는 누려볼 수 없는 호사이기에 햇볕에 달궈진 자갈밭을 오가며 물놀이를 즐겼다. 온몸이 자연스럽게 태닝이 되고 있다.

이처럼 아름다운 프리 울 섬이 2차 세계대전 중에 프랑스를 함락한 독일군이 연합군의 진격을 방위하기 위한 요새로 쓰였다고 한다. 하지만 지금은 어디에도 전쟁의 흔적은 없다. 드넓은 야생화 군락 위에 오디나무 열매가 군데군데 떨어져 있고 하늘과 바다가 이어져 온통 푸른 하늘에 갈매기만 끼룩거릴 뿐이다.

좋은 건 나눠 갖고 싶다. 두 여학생이 '너무나 예쁜섬'이라고 소개

한 이유를 알 것 같다. 나는 누구에게 이 행복을 전해 줄까? 혹시 오월에 마르세이유에 가게 되거든 프리 울 섬에 다녀오세요. 아름다운 바다 풀장과 해안 정원을 온통 차지하는 행운을 누리며 하루쯤 프리 울 섬의 영주가 된 듯한 기분을 느끼게 될 것입니다.

여행의 위기

 여행의 중반을 넘어선 지금, 이제는 전처럼 발 편한 운동화에 바지만 고수하지 않아도 된다. 무엇보다도 무거운 캐리어를 끌고 기차를 타지 않아도 된다는 게 가장 행복하다. 오늘부터는 렌트한 승용차를 타고 남프랑스 내륙으로 깊숙이 들어가서 프로방스의 진짜 시골을 체험할 계획이다.
 일요일인 내일은 당장 유럽의 3대 벼룩시장 중의 하나인 릴 쉬르 라 소르그의 벼룩시장을 구경하고 오늘은 고속도로가 아닌 아기자기한 국도를 타고 엑상프로방스를 거쳐 살롱 드 프로방스에 짐을 풀 예정이다.

 마르세이유 기차역 앞에 있는 렌터카 회사에 호기 있게 들어갔다. 이미 예약은 인터넷으로 해 놓았고 보험료를 비롯한 렌트 비용은 결제를 마쳤기 때문에 준비한 서류(국제 운전면허증과 여권, 본인 명의의 신용카드 그리고 가장 중요한 국내 운전 면허증)를 제출하기만 하면 된다. 안전을 위해 수동이 아닌 오토매틱으로 운전할 수 있는 승용차로 주문했고 이제 자동차 키만 받으면 된다는 생각에 잔뜩 들떠 있었다.

그. 런. 데.

서류를 훑어보던 직원이 갑자기 서류를 돌려주며 "농~~~"하고 단호하게 거절한다.

지금까지 프랑스 사람들은 한없이 친절했다. 하지만 공적인 일에서는 한 치의 오차도 허용하지 않는다.

아뿔싸….

남편이 자신의 국내면허증을 준비해 오지 않은 것이다. 대신 복사한 면허증을 보여줬으나 원본 외에는 허용이 되지 않는다고 한다. 너무나 단호해서 부탁해 볼 여지도 없었다. 여행 중에 맞은 최초의 위기다. 중요한 것은 렌터카 여행도 포기해야 하지만 이미 지급한 렌트 비용까지 포기해야 한다. 우리가 서류를 미처 준비하지 못했기 때문에 못 받아도 어쩔 수 없다.

베르동 협곡을 함께 여행했던 신혼부부에게 이와 비슷한 경우의 실수담을 들었다. 그들도 우리처럼 자동차를 렌트했지만 예약자인 남편이 자신의 이름으로 된 신용카드를 가져오지 않아서 선지급한 금액을 모조리 환불받지 못했다는 이야기였다.

지금까지 여행 중 최고의 위기를 맞았다. 렌터카를 빌리지 못하면 여행계획을 다시 세워야 한다. 더구나 프랑스의 오월은 기차 노조의 파업이 잦아서 열차 여행은 예측할 수 없는 결과를 초래하기도 한다. 하지만 위기는 극복하기 위해 있는 것이다. 렌터카는 포기하겠지만 렌트 비용만은 절대로 포기할 수가 없었다.

며칠 전 생 크로와 호수 앞에서 차창 소매치기 사고가 생긴 날 경찰서에서 간단한 조서를 작성한 것이 있었다. 보험회사에 제출할 서류였다. 갑자기 그 서류가 생각난 건 신의 한 수였다. 그때 작성한 서류에는 잃어버린 가방 안에 들어있던 물품의 내역이 적혀있었다. 스카프, 열쇠, 양산, 동전지갑 등…. 그중에 동전 지갑을 캐시 백이라고 적었던 게 생각났다. 캐시 백 안에 동전만 넣어놓는다는 법은 없다.

렌터카 직원에게 서류를 보여주었다. 어디에도 국내면허증을 도난당했다는 내용은 없었지만 나는 당당하게 요구하였다. 가방도 도둑맞고 타보지도 못한 자동차 비용까지 잃고 싶지는 않았다. 한편으로는 너희들에게 더는 당하지 않겠다는 마음이 더 컸던 것 같다.

원본을 도둑맞았으니 너희는 당연히 복사한 면허증으로 차를 빌려줘야 마땅하다고 유창한 한국말로 설명을 했다. 솔직히 말하면 설명이 아니라 우긴 것이다. 남편은 내가 하는 말을 토씨 하나 틀리지 않게 직원들에게 전했다.

렌트 회사 직원은 자기들끼리 한참을 대화를 나누더니 그렇다고 해도 복사한 면허증으로는 자동차를 렌트해 줄 수는 없다고 한다. 하지만 렌트 비용만은 돌려주겠다고 한다.

갑자기 캄캄한 하늘에서 불꽃이 펑펑 터지는 듯한 느낌이 든다. 잃어버린 가방이 날려버릴 뻔한 렌트 비용을 찾아주었으니 이것이야말로 현대판 새옹지마다. 렌트 비용과 차량 보험료가 정확히 입금되었다. 하지만 무거운 캐리어를 끌고 기차역으로 가는 내 마음은 가방의 무게보다 더 무겁다.

한국인이 없는 곳은 낭만도 없더라
살롱 드 프로방스

토요일, 살롱 드 프로방스의 기차역에 내린 사람은 달랑 우리 두 명뿐이다. 만약 내가 진정한 여행꾼이었다면 이런 쓸쓸함을 긍정적으로 이해하고 오히려 호젓한 분위기를 즐기기에 더 없는 곳으로 여겼을 것이다. 하지만 지금은 그럴 기분이 아니다. 오늘 아침만 해도 자동차 여행에 부풀어서 원피스를 입을까, 바지를 입을까를 두고 즐거운 갈등을 했었으니까.

마르세이유 역에서 다행히 당일에도 열차표를 구할 수는 있었다. 원래 계획한 대로였다면 엑상프로방스로 가야 했지만 자동차 여행이 좌절된 지금은 어쩔 수 없이 예약한 호텔이 있는 살롱 드 프로방스로 오게 된 것이다.

기차를 타고 이곳까지 오면서 나는 자동차 여행의 불편한 점을 죄다 모아서 나를 위로하였다.

누군가는 자동차 뒷문으로 강도가 들어왔다고 했어, 또 누군가는 주차장이 아닌 곳에 잠시 주차했다가 어마하게 비싼 딱지를 뗐다고도 했지. 아마 내가 지금 기차가 아닌 자동차 여행을 하고 있다면 프로방스 경치보다 자동차 내비게이션을 더 많이 바라보고 있었을 거야.

어쨌든 자가 최면 치료는 효과를 보았다. 좌석이 텅텅 빈 기차를 오붓하게 타고 오면서 오늘 입금된 렌트비라면 택시를 타고 어디든 갈 수 있을 거라 생각하니 차라리 마음이 가벼웠다.

그런데….

기차에서 우리 둘만 달랑 내릴 때만 해도 거리가 이렇게 한적할 것이라고는 상상도 하지 못했다. 도대체 프랑스 사람들은 휴일이면 다 어디에 있는 걸까? 역 앞, 광장에는 사람들은 커녕 지나가는 강아지 한 마리도 없는 유령의 도시 같았다. 텅 빈 기차역 앞에서 또 한 번 여행의 위기가 감지되었다.

오늘은 토요일, 사람들은 모든 생업을 잠시 미루고 휴일을 즐기고 있는 날이다. 아무리 그렇다고 해도 시민의 발인 시내버스까지 운행을 중단할 줄은 몰랐다. 남편은 우버 택시를 불렀지만, 그조차 이곳까지 올 택시가 없다고 한다.

우리가 예약한 호텔은 외곽의 한적한 곳이었다. 처음부터 자동차 여행을 염두에 두었기 때문에 주차장이 넓고 고속도로와 접근성이 좋은 곳을 선택하다 보니 시내와는 거리가 먼 곳에 있는 호텔을 예약하게 된 것이다.

국내 면허증을 챙기지 않은 남편의 실수는 도미노처럼 우리의 계획을 하나씩 무너뜨리고 결국 텅 빈 시골역 앞에서 영혼이 없는 사람들처럼 앉아 있게 만들었다.

내 앞에 있는 두 개의 트렁크가 거대한 바위처럼 보이고 바람에 날리는 원피스 자락이 민망하다. 이럴 줄 알았으면 구두 말고 운동화를 신을 걸, 가방에서 주섬주섬 운동화를 꺼내 갈아 신었다. 망연하게 앉아서 오지도 않는 빈 택시를 기다리다가 고된 행군을 해야 할 것 같은 예감이 든 것이다. 이 답답하고 우울한 시간은 도대체 얼마나 갈 것인지, 해가 질까 봐 두렵다.

여행을 떠나기 전 우리는 각자 책임을 분담하였다. 남편은 기차와 호텔 예약, 자동차 운전 등 주로 교통편을 맡았고 나는 현지에서 지출하는 자질구레한 현금의 관리를 맡았다. 둘이서 하는 여행이지만 우리의 리더는 당연히 남편이었다. 지금 우리 팀의 리더는 나보다 더 망연자실 하고 있다. 리더가 없는 팀은 지금 해체 위기에 놓여있다.

오늘 아침, 자동차 렌트 회사에서 위기를 넘기던 두 사람의 의기투합은 어디로 갔는지, 지금은 난관을 극복할 의지조차 없이 멍하니 앉아 있을 뿐이다.

여행의 신은 우리를 길거리에 그냥 버려두지 않았다. 서툴지만 영어를 조금 할 줄 아는 청년을 우리에게 보내주셨다. 이쯤에서는 "할렐루야"가 터져도 무관하다. 청년은 남편이 전하는 상황을 다행히 알아들었다. 그리고는 자신이 알고 있는 택시회사를 수소문하여 도움을 주었다.

택시기사에게 기존 요금의 두 배가 넘는 돈을 주고도 오히려 고맙다는 인사를 몇 차례나 했는지 모른다. 지도에서 본 위치와는 달리 역에서 호텔까지의 거리는 걸어서는 도무지 올 수 없을 만큼 먼 거리였기 때문이다.

무사히 호텔에 도착했다. 푹신한 소파와 깔끔한 침구가 덮여 있는 침대를 바라보면서 텅 빈 역사 앞에서 노숙을 걱정해야만 했던 조금 전의 일들이 꿈처럼 느껴졌다.

도대체 살롱 드 프로방스는 어찌하여 우리의 여행지로 선택되었는지, 가이드북을 보다가 '한국인이 드문 여행지'라고 설명한 것이 눈에 띄었다. 호젓하고 여유로운 프랑스의 시골 동네에서 여행의 낭만을 즐기는 것도 괜찮겠다 싶었다. 그러나 한국인이 가지 않는 곳은 다 이유가 있었다.

살롱 드 프로방스는 노스트라다무스가 살았던 곳이다. 구 도시에는 그의 조각상이 있고 그를 기념하는 박물관도 있다. 하지만 관광지답지 않게 여전히 사람들은 뜸하고 더구나 거리에는 한국인뿐 아니라 아시아에서 온 사람도 아마 우리뿐 인 것 같다. 오래된 성당과 잘 꾸며 놓은 정원이 있지만, 적막하기만 하다. 사람이 드문 박물관도 을씨년스럽다.

오늘 하루는 마치 롤러코스터를 탄 기분이다. 우리 부부의 프로방스 여행 계획을 듣고 "집 나가면 개고생"이라고 걱정을 하던 친구가 있었다. 이 말이 하필 15세기 예언자인 노스트라다무스가 묻힌 동네에서 실현될 줄 누가 알았겠는가, 하지만 "고생 끝에 낙"이라는 말도 실현이 되었다. 호텔에 들어오자마자 솜털 구름같이 하얀 이불이 깔린 푹신한 침대에서 다음 날 아침까지 죽은 듯이 잠을 자고 일어났다.

만 원의 행복
닐 쉬르 라 소르그의 벼룩시장

　장날에 시장 구경 가는 것만큼 재미있는 일이 있을까? 나는 남대문 시장에서 발품 파는 쇼핑을 좋아하고 우리 동네 재래시장에서 물건 사는 것을 좋아한다. 할머니들이 앉아서 다듬어놓은 정갈한 채소들은 내 일감을 덜어 주어서 좋고 기름에 튀겨 파는 꽈배기와 매콤한 떡볶이, 그 국물에 찍어 먹는 순대도 시장이라야 제맛이 있다. 커다란 돼지머리가 혐오감 없이 웃고 있는 것도 재래시장에서만 볼 수 있는 풍경이다. 여행을 가서도 그곳 시장을 찾아갈 때가 가장 즐겁다.

　닐 쉬르 라 소르그의 벼룩시장은 유럽의 3대 벼룩시장 중에 하나다. 위치로 보아 숙소가 있는 살롱 드 프로방스보다 앞으로 우리가 여행할 아비뇽에서 더 가깝지만, 오늘 그곳을 가야 하는 이유는 매주 일요일에만 시장이 열리기 때문이다.
　'유럽의 일요일엔 움직이지 말라'라는 글을 어느 여행 전문지에서 읽은 것 같다. 일요일인 오늘, 집들의 덧창 문(볼레)은 모두 닫혀 있고 시내의 상점도 문을 열지 않았다. 이른 아침에 부산을 떨며 외출을 준비하는 사람은 우리 부부밖에 없는 것 같다.

　기차역은 오늘도 썰렁하다. 역사 옆에 달랑 자동 티켓 발매기만 놓여있을 뿐, 휴일이라고 해서 역무원이 없는 기차역은 우리나라에서는 상상도 안 되는 일이다.
　기차 시간이 임박해지자 다행히 닐 쉬르라 소르그로 장을 보러 가는 일가족이 나타났다. 젊은 엄마와 사내아이, 그리고 사내아이의 할머니인 중년의 여인이었다. 덕분에 우리는 닐 쉬르라 소르그 장터까지 수월하게 갈 수 있었다.
　기차에서 내린 사람은 우리뿐인 줄 알았는데 기차역에서부터 시내 입구까지 어디에서 이렇게 많은 사람이 모였는지 그야말로 사람들이 시냇물처럼 흘러가고 있었다. 어느 한 구역이 아닌 마을 전체가 시장이었다. 여기에 모인 사람 중에 반은 상인이고 반은 손님이었다. 물건의 종류도 다양하다. 누군가 사용한 흔적이 있는 나무로 만든 개집에서부터 중세의 열쇠, 그릇, 그림, 실, 바늘, 단추 등 심지어 변기까지, 벼룩시장에 나와 있는 물건을 구경하는 것만 해도 웬만한 민속박물관을 관람한 것보다 더 풍요로웠다.
　길가 가판대에 진열된 물건들은 대부분 지키는 사람이 없어 마음 놓고 구경할 수 있지만 정작 물건을 구입하려고 하면 어디선가 주인이 나타나 흥정을 한다. 누군가가 오랜 시간 공들여 수를 놓은 탁자보가 눈에 띄었다. 오래 사용한 흔적은 있지만 낡거나 뜯어지지는 않았다. 한 귀퉁이에 수를 놓은 사람의 이니셜까지 바느질이 되어 있어서 더욱 맘이 끌렸다. 내가 그것에 관심을 보이자 어디선가 주인이 나타났다. 머리가 하얀 할머니였다. 살 거냐고 묻는다. 값이 얼마냐고 되물었다. 벼룩시장에 어울리지 않게 계산기를 두드려 보여준다. 15유로, 공들여 수를 놓은 값에 비하면 무척 싼 금액이다. 나는 싹둑 잘라 10유로를 불렀다. 선뜻 "오케이"라고 하며 노란 종이봉투에 볼품없이 담아 준다. 더 깎아도 되는 걸 그랬나? 잠깐 깍쟁이 같은 생각이 들었다.

황소의 뿔을 잡아당기면 불이 켜지는 청동 라이터를 샀다. 나중에 보니 아주 작은 글씨로 한 귀퉁이에 '메이드 인 차이나'라고 쓰여 있다. 오래된 옛 물건인 줄 알았는데 실망했다. 하지만 장터에서는 이런 작은 속임수조차 용서가 된다.

나막신도 한 켤레 샀다. 다육이를 심어서 우리 집 신발장 위에 올려둬야겠다. 물고기 모양의 단추는 내 겨울 코드에 달면 어울릴 것 같다. 그 밖에 청동으로 만든 새 두 마리와 나비 모양의 펜던트를 샀다. 이곳저곳을 구경하며 싸고 예쁜 물건을 사는 맛이 쏠쏠하였다.

닐 쉬르라 소르그는 벼룩시장 만이 눈길을 끈 건 아니다. 마을 전체를 휘돌아 흐르는 물길이 장관이다. 집과 집 사이를 흐르는 수로에는 물레방아가 돌아가고 청둥오리들도 장날만큼은 부산하게 움직인다. 사람들은 이곳을 '작은 비엔나'라고 부른다고 한다.

냇물에서 물놀이를 하는 사람들과 어울려 우리도 수로에 발을 담그고 앉아서 점심을 먹었다. 노점에서 산 햄버거로 간단하게 식사를 한 후에 아까 봐 둔 남편의 모자를 사러 갔더니 그새 물건들을 정리하고 있다. 오후 여섯 시까지는 시장을 연다고 했지만, 이곳 상인들은 일요일엔 돈을 버는 일조차 쉬고 싶나 보다.

길가에 좌판 상인은 오후가 되자 자신들의 물건을 차에 싣고 모두 떠났다. 거리는 어느새 텅 비어 있고 이제야 사람 소리에 묻혀 들리지 않았던 시냇물 소리가 들리기 시작했다.

벼룩시장을 구경하는 재미만큼 물건을 사는 재미도 쏠쏠하다. 프로방스의 시골마을 장터에서 지름신이 내렸다. 그래봤자 우리 돈 만 원 남짓 한 것들 뿐, 없어도 전혀 불편하지 않은 물건이지만 훗날 이들을 바라보면서 나는 가끔씩 행복을 느끼게 될 것이다.

분수의 도시
엑상프로방스

　공휴일의 프로방스 마을은 어디나 적막할 것이라고 생각한 건 나의 우려였다.
　엑상프로방스는 마치 금요일 저녁 홍대 앞을 보는 것 같다. 골목에는 젊은이들의 열기가 가득하고 거리는 활기차다. 조금 전까지 내가 머물러 있었던 살롱 드 프로방스의 적막한 모습과는 너무나 대조적인 분위기다.
　월요일인 오늘은 프랑스의 국경일이어서 토요일과 일요일에 이어 사흘 동안 휴일이 계속되었다. 연휴 동안 이곳은 택시 외에 다른 교통수단이 없었다. 움직일 수 있는 거라곤 두 발밖에 없는 우리 같은 여행자들은 가장 힘든 날이기도 했다.

　엑상프로방스 구도시에서 가장 먼저 눈에 띈 것은 수령 500년이 넘는다는 플라타너스 가로수였다. 제네랄 드골 광장을 향해 곧게 뻗어 있는 미라보 거리의 양옆에 무사처럼 도열해 있는 고목들, 살아있는 것 중에 이처럼 오래된 것이 있을까? 중세와 르네상스 시대를 거쳐 지금까지, 세월의 온갖 풍상을 이겨낸 나무들은 아직도 청정함을 잃지 않고 있었다. 왠지 나무가 아니라 큰 어른을 마주하고 있는 느낌이 들었다.

이곳 엑상프로방스는 분수의 도시라고 할 만큼 각양각색의 분수들이 많이 있다. 엑상이라는 말은 라틴어로 물을 의미한다. 흐르는 물을 이용하여 도시 곳곳에 물을 뿜어 올리는 것에 어떤 의미가 있었을 것만 같다.

관광 안내소에는 반갑게도 한글로 된 안내 책자가 준비되어 있었다. 관광지도에는 30여 개가 넘는 분수가 표시되어 있지만 작은 분수까지 합치면 이곳에는 100여 개가 넘는 분수가 있다고 한다.

구 도시 입구에 있는 제네랄 드골 광장의 로통드 분수는 하늘을 향해 거대하게 물을 뿜는 전형적인 분수였으나 때마침 공사 중이어서 시원한 물줄기를 볼 수는 없었다. 대신 지도에 표시된 대로 분수들을 찾아가며 걸어 보는 것도 재미있는 여행이 될 것 같았다.

몇 발 걷지 않아서 첫 번째 분수가 보였다. 미라보 거리 중간에 있는 생장트 마트 성당 앞에 있는 오벨리스크 분수였다. 높이 솟은 오벨리스크의 주변을 떠받치고 있는 네 마리의 귀여운 돌고래가 입에서 물을 뿜어내고 있다. 네 가닥 물줄기가 떨어지며 내는 소리가 청량감을 준다.

또 다른 거리에서 특이한 분수를 발견했다. 멀리서 보고 분수대 위에 돌덩이가 앉아 있는 줄 알았는데 다가가서 보니 촉촉하게 물이 번지고 있는 바위를 이끼가 감싸고 있는 이끼 분수였다. 처음부터 이끼를 계획하고 만든 분수 같았다. 분수 위에 새들이 앉아서 무언가를 쪼아 먹고 있는 모습이 생동감이 있다.

포효하는 사자의 입에서 물이 품어져 나오는 분수와 북 치는 소년의 북채에서 물줄기가 떨어지는 분수도 있다. 육교 아래 교각으로 물을 흘려보내어 교각이 온통 푸른 초목으로 덮인 곳도 있었다. 서로 눈을 흘기고 있는 아랍인의 얼굴을 한 부조의 분수도 재미있었다.

이곳의 분수는 같은 모양이 하나도 없다. 또 분수는 아래에서 위로 솟구친다는 고정관념도 깨트렸다. 촉촉하게 또는 잔잔하게 흘러내리는 분수는 조형물과 물, 그리고 주변에 모여드는 생물의 조화로 비로소 완성되는 것 같았다. 어느 곳에나 분수 곁에는 살아있는 것들이 있었다. 이끼와 풀잎 새와 강아지 그리고 사람들이 모여서 목을 축이기도 하고 주변에 미스트가 되어 흩어지는 산소에 청량감을 느끼기도 한다.

거리와 광장은 물론이고 정원과 건물의 입구, 집안의 뜰에도 분수가 있다. 이 많은 분수는 모두 각자의 이름을 지니고 있지만 나는 그 이름을 다 기억할 수 없어서 대신 왕의 분수, 이끼 분수, 아랍인 분수, 돌고래 분수, 풀잎 다리 분수, 와인잔 분수 등 분수를 이루고 있는 조형물의 특징을 떠올리며 생각나는 대로 이름을 붙였다.

"와인잔 분수에서 목욕하던 강아지는 너무 귀여웠어"
"이끼 분수 위의 새들도 이뻤지"

우리는 본래의 이름보다도 더 정스런 닉네임을 만들어 주며 시내에 있는 분수들을 하나씩 만나보며 여행을 즐겼다.

분수는 삭막한 도시에 생기를 불어넣어 준다. 하지만 이 도시에 생기를 주는 것은 분수뿐만은 아니었다.

이곳 엑상프로방스에는 대학교가 밀집해 있어서 젊은이들이 유난히 많다. 거리와 공원 카페 할 것 없이 젊은이들로 넘쳐난다. 젊은이들은 이 도시를 생기있게 만드는 또 하나의 분수처럼 느껴진다.

하늘로 치솟는 분수와 생기 가득한 젊은이들의 에너지로 엑상프로방스는 낡음조차 싱그러워 보였다.

세잔의 옷
엑상프로방스 세잔의 아틀리에

　엑상프로방스에 있는 세잔의 아틀리에가 평범한 산동네에 있다는 것은 참 의외였다. 대문 옆에 '세잔의 아틀리'에 라는 작은 문패가 없었더라면 모르고 지나쳤을 만큼 아틀리에는 소박했다.
　시골 민박집 문을 열고 들어가듯 대문을 살짝 열고 들어갔다. 마치 주인이 "누구세요."하며 나올 것만 같다. 처음 느꼈던 소박함이 대문에서 마당을 지나 현관으로 가는 동안 깔끔하고 준수한 분위기로 바뀌었다. 직원에게 입장권을 받아 들고 나서야 세잔의 아틀리에라는 게 실감 났다.
　이 층 계단을 올라가면서 꼼꼼하고 단단하게 잘 지어진 집이라는 생각을 했다. 한편에 신발장이 얌전하게 놓여있고 밖에서 입었던 옷을 걸어 두려는 듯 옷걸이 하나가 신발장 옆에 매달려 있다. 세잔이 오르내리며 붙잡고 걸었을 듯한 층계 난간을 세잔이 그랬던 것처럼 붙잡고 올라갔다.

아틀리에는 두 개의 벽이 온통 유리 창문으로 되어있어서 바깥의 빛이 그대로 집 안으로 들어왔다. 그림을 그리기 위한 작업실로 처음부터 구상하고 지었기 때문에 빛에 신경을 많이 쓴 것 같다. 한쪽 벽에 세잔이 사용한 화구들이 진열되어 있다. 호두나무로 만든 가구는 아직도 건재하다. 수없이 여닫았을 서랍의 문고리가 반질반질하게 닳아 있다. 작품에 사용되었던 정물들과 그림을 그릴 때 사용했던 사다리, 그가 힘주어 짠 손자국이 그대로 남아 있는 물감과 화구를 담아서 들고 다닌 가방이 고스란히 진열되어 있어서 마치 방금까지 그가 이곳에서 그림을 그리다가 외출을 한 것 같았다.

그곳에 세잔이 그림을 그릴 때 입었던 작업복이 걸려 있다. 이 옷을 입은 모습의 자화상을 어디선가 본 것 같다. 세잔의 작업복은 방금 벗어 놓고 나간 듯이 벽 한편에 그냥 걸려 있었다. 유화물감으로 온통 얼룩진 그의 옷은 아직도 그를 감싸고 있는 온기가 남아있을 것만 같다. 옷을 살짝 만져 보았다. 살아있는 세잔이 곁을 스치는 것 같다. 친구였던 에밀 졸라와 주고받은 편지가 책상 유리장 속에 덮여 있다. 나중에 우정을 상실하였지만, 그의 편지만은 소중하게 남아있었다.

미술관이 아닌 작가가 살았던 집이어서일까, 군데군데 작가의 삶의 자취가 그대로 있다. 신발장과 층계의 난간, 벽에 박힌 못에서 세잔의 숨결이 느껴졌다.

그가 아끼고 사랑했던 그림 도구들과 손때 묻은 살림살이들은 지금도 온기를 품고 있다. 주인이 사라진 후에도 주인의 체취를 그대로 유지하고 있는 집, 세잔의 집에서 잠깐 외출한 주인을 기다리듯 반나절을 보냈다.

프로방스 풍의 잘 꾸며진 집
아비뇽의 에어비앤비

여행을 시작한 지도 한 달이 가까워지고 있다. 남편과 나는 아침에 일어나면 매일 똑같이 하는 일이 있다. 잊지 않고 혈압약을 먹는 일이다. 여행 날짜만큼 준비해 온 약이 점점 줄어드는 게 안타까운 나와 달리 남편은 아직도 남아있는 약을 보며 흐뭇해한다. 서로 표현은 달라도 어쨌든 두 사람 다 이번 여행을 즐기고 있는 것만은 확실하다.

그동안 프로방스의 구도시들을 여행하면서 중세의 골목길이 가장 인상 깊었다. 물방울 하나 스며들 틈새 없이 꼼꼼하게 박힌 자갈 바닥과 언덕으로 오르는 돌 층계, 낮은 담벼락 안으로 보이는 오래된 집의 현관에 걸린 예쁜 화분들을 보며 그 집에는 누가 살고 있을까? 궁금했었다.

아비뇽에서는 예약해 둔 호텔을 과감하게 취소하고 성 안에 있는 에어 비앤비에서 생활해보기로 했다. 리뷰를 확인해 볼 여유도 없이 그냥 작은 뜰이 있는 주택이었으면 좋았다. 그리고 집 한 채를 우리 부부가 전부 사용하기보다는 집주인이 함께 거주하는 곳을 원했다. 혹시 지내는 동안 불편한 점이 있으면 바로 요청할 수 있기 때문이다. 구도시에 있는 아담한 이층집이 우리가 아비뇽에서 지내는 동안 거주할 게스트하우스였다.

기차역에서 나오자마자 도시 전체가 거대한 성곽으로 둘려 있는 아비뇽 구 도시가 나타났다. 가슴이 설렌다. 막연하게 꿈에 그리던 도시, 중세의 회색빛 도시가 폴라 로이드처럼 내 앞에 펼쳐져 있다. 믿지 못할 광경이다. 성은 간간이 무너지고 부서졌지만, 아직도 아비뇽 구 도시를 굳건하게 지키고 있었다. 성문 안으로 들어서면서 나는 마치 중세의 유물 속으로 들어가는 듯한 느낌을 받았다.

마침 게스트하우스 주인이 보낸 이메일이 도착했다. 집을 찾아오는 방법이 달랑 주소 한 줄이 아닌 긴 문장의 글로 되어 있다. 자동차가 아닌 기차를 타고 가는 우리 부부를 배려한 듯, 기차역에서부터 집까지 걸어오는 길을 꼼꼼히 적어 놓았다. 얼마나 자세하게 썼는지 마치 글로 그린 그림과도 같았다.

"성문으로 들어서자마자 오른쪽 성문 옆 플라타너스 나무를 따라 300미터쯤 걸어오세요. 길 왼편에 온통 푸른 줄기가 덮인 담장이 보이면 바로 그 골목에서 두 번째 집, 브라운 색 현관문이 저희 집입니다."

한글 보기로 해석한 주인의 편지는 대강 이런 내용이었다. 플라타너스 나무와 푸른 줄기가 덮인 담장, 갈색 현관문이 집을 찾는 포인트였다. 울퉁불퉁한 돌바닥 길이 캐리어를 끌고 가기에는 불편했지만, 우리가 지낼 집을 찾느라 남의 집을 바라보는 재미에 들려 힘든 줄을 모르고 걸었다.

"프로방스 풍으로 잘 꾸며놓았더군."

유럽식으로 잘 꾸며놓은 카페를 보고 우린 종종 이런 말들을 했다.

프로방스 풍이란 어떤 것일까? 모서리나 가장자리가 약간 낡은 듯한 느낌이 나도록 거칠게 만든 가구가 놓이고 식탁이나 찬장 위에 왕골 바구니 하나쯤, 또는 창문에 투명한 레이스 커튼을 달고 필히 빗살무늬의 덧창 문(볼레)을 창가에 달아 놓으면 나는 그게 프로방스 풍인 줄 알았다. 이곳 아비뇽의 에어 비 엔 비에 오기 전까지는 나도 프로방스 풍의 인테리어에 대해서 완전하게 알지 못했다.

번지수나 거리 이름 대신 플라타너스 나무와 푸른 나뭇잎 담장, 브라운 색 현관문이라는 세 가지 힌트만으로 나는 어떤 내비게이션보다도 빠르고 정확하게 집을 찾았다. 성문을 들어서자마자 오른쪽 길에 플라타너스 가로수가 보였고 그 길을 따라 꾸준히 걷다가 보니 온통 아이비 넝쿨로 덮인 담장이 보였다. 그 담장 옆 골목길 두 번째 집에 갈색 현관문이 모습을 보였다.

대문을 거치지 않고 바로 현관문을 통해 들어가는 구조였다. 현관문에는 초인종이 없이 청동으로 만든 손 모양의 조형물이 걸려 있었다. 동그란 공을 쥐고 있는 그 손을 몇 번 들었다 놓는 소리를 듣고 주인이 문을 열어 주었다. 부드러운 금발 머리의 중년 부부는 준비해 둔 웰컴 주스로 우리를 반갑게 맞이하여 주었다.

창문

우리가 머물 곳은 주택의 이 층이었다. 아래층은 주인이 사용하는 넓은 거실이 있고 위층은 아래층을 거치지 않고 바로 층계를 올라가게 되어있다. 입구에 슬리퍼가 가지런하게 놓여있는 거로 봐서 실내에서는 우리처럼 신발은 벗는 것 같다. 위층 역시 아래층과 마찬가지로 확 트인 거실이 있다. 확 트였다는 첫 느낌은 거실이 넓기 때문이 아니라 창문이 크고 높아서였다는 걸 나중에 알게 되었다.

유럽의 건물은 유난히 창문이 많다. 창문이 없는 벽에는 그럴싸한 창문을 그려 넣기도 하였는데 그 이유는 예전에 그들이 내는 세금에는 창문세라는 게 있었기 때문에 창문의 숫자에 민감할 수밖에 없었다고 한다. 돈이 없어 창문을 크게 내지 못하는 서민들은 그림으로나마 창문을 만들고 위안 삼았다고 한다. 창문은 역시 프로방스의 첫 번째 인테리어였다.

빛

아침에 일어나서 맨 먼저 창문을 막고 있는 볼레를 열면 갑자기 정지되었던 화면이 움직일 듯 실내의 모든 가구가 마치 살아있는 것처럼 빛을 발한다.

"이거 어제도 여기 있었던 거야?"

"그새 이불을 또 빨았나?"

방안의 가구들이 새롭게 보이는 것은 아낌없이 쏟아지는 햇빛 때문이었다. '찬란하다'라는 단어가 프로방스의 아침 햇살에 가장 적합한 말이라고 생각했다. 방안 깊숙이 들어오는 찬란한 아침 햇살이 한낮에는 푸근하게 변한다. 구름 한 점 없이 맑고 투명한 하늘인데도 쨍쨍하게 내리쬐는 빛이 아니라 온화하고 따뜻하게 품어주는 부드러운 빛이다.

인상파 화가들이 프로방스를 자주 찾은 이유를 알 것만 같다. 따뜻하고 부드러운 햇살이야말로 프로방스의 낡은 듯한 가구들을 재생시켜 주는 최고의 인테리어다.

꽃

우리 방 탁자에는 주둥이가 긴 병에 포도 넝쿨이 꽂혀 있고 식탁엔 이름 모를 꽃이 수북이 꽂혀 있었다. 우리가 거주하는 일주일 중에 한 번 청소하러 들른 청소부 아줌마도 한 손 가득 꽃을 들고 있었다. 어디에나 꽃들이 넘쳐난다. 꽃은 프로방스 인테리어를 돋보이게 하는 가장 중요한 소품이었다.

이곳 거실에는 원목으로 만든 푹신한 소파와 손때 묻은 장식장이 있다. 장식장 안에는 촛대와 꽃무늬가 있는 접시들과 유리컵, 투박한 식기들이 정갈하게 놓여있다. 새것이 아닌 오래된 가구들이지만 방금 왁스 칠을 한 것처럼 윤기가 난다. 가구를 벽에 붙이거나 직선 방향으로 놓지 않고 아무렇게나 놓은 것이 오히려 더 자연스럽다.

우리나라의 자연 속에서 우리 것이 가장 아름답듯이 이곳 프로방스에서는 이곳의 자연에 가장 잘 어울리는 프로방스만의 인테리어가 있었다.

넓은 창과 그 안으로 쏟아져 들어오는 햇빛, 눈을 뜨면 가장 먼저 보이는 화병에 꽂힌 꽃이 있는 이 집에서 나는 일주일 동안 프로방스 주부처럼 살아 볼 것이다.

사라진 것은 사라지는 대로
아비뇽 교황청

여행자에게는 낭비란 없다. 긴 기차 여행을 즐기지 못하고 멍때리거나 길을 잘못 들어 시간을 낭비했다거나 야바위꾼에게 속아 물건을 잘못 샀어도 결코 낭비는 아니다. 모르고 간 길에서 새로운 풍경을 만나게 되고 누군가에게 속았다면 조금 비싼 수업료를 내고 인생 공부를 하였다고 생각하면 더는 같은 실수를 겪지 않게 된다. 오히려 시간이 흐른 뒤에는 그런 것들이 글감이 되고 이야깃거리가 되곤 한다. 하지만 어떤 여행지에 대하여 역사적 의미나 사건, 그것에 얽힌 비화 등을 모르고 눈으로만 훑는다면 그건 낭비다. 알고 보면 지나가는 바람소리조차 소중하고 혹은 안타깝게 느껴지지만, 모르고 바라보면 기능 좋은 카메라로 찍은 사진을 보는 것과 다를 게 없을 것이다.

아비뇽의 교황청에서는 더욱 더 앎이 여행을 풍요롭게 해 주었다. 여행자들이 충분히 이해할 수 있도록 입구에서 가이드 도슨트를 나눠주고 있었다. 물론 돈은 따로 내야 하였지만,

왕권과 교황권의 갈등으로 무려 68년이라는 긴 세월 동안 일곱 명이나 되는 교황이 로마가 아닌 이곳 프랑스 아비뇽에서 체류한 사건, 프랑스왕권이 교황권을 완벽하게 장악한 이 사건은 교황권의 몰락을 상징한다.

고등학교 세계사 수업시간에 나폴레옹 얼굴에 수염이나 그리고 앉아 있었던 나도 '아비뇽 유수'라는 말은 생각이 난다.

'유수幽囚'는 한자어로 '잡아서 가두다'라는 뜻이다. 1,400년, 당시 프랑스 왕 필리프4세는 로마에 있어야 할 교황청을 이곳으로 옮겼고 일곱 명의 교황이 선출되는 동안 교황청은 왕권의 감시하에 말 그대로 갇혀 지낸 것이나 다를 바 없었다.

14세기에 지어진 아비뇽 교황청은 장엄하고 웅장한 고딕식 건물이었다. 하지만 위풍당당한 외관의 모습과는 달리 문을 열고 내부로 들어서자 허망하게도 텅 비어 있다. 프랑스혁명 이후 모든 보물을 도난당했다는 건물 안은 마치 중세에 지어놓은 창고를 보는 듯하였다.

입구에서 나눠 준 3D 입체 안경을 썼다. 방마다 비치된 기계 위에 들어올 때 받은 모바일을 갖다 대자 눈앞에 14세기 교황청의 모습이 순식간에 나타났다.

다시 부활한 흔적들

타임머신을 타고 과거로 돌아간 나는 이곳저곳을 열심히 살피고 다녔다. 교황청의 낡은 벽은 온 데 간 데도 없이 화려한 벽으로 재생되었고 사라진 가구가 방안 가득 채워졌다. 다른 방에서는 교황들이 모여 새 교황을 추대하는 '콘클라베'가 열리기도 한다.

방마다 그 시대의 물건들이 낡고 부서진 곳 없이 원형 그대로 제자리를 지키고 있다. 바닥은 황금색 양탄자가 깔리고 천장에는 수십 개의 촛불 샹데리에가 아름답다. 벽에는 역대의 교황 사진들이 위엄 있는 자태로 걸려 있고 황금 문양의 가구들이 번쩍거린다. 처음에는 모든 것이 놀랍고 신기해서 여기저기 비춰봤지만, 점차 하기 싫었던 세계사 공부처럼 지루해지기 시작했다.

나는 쓰고 있던 3D 안경을 벗어버렸다. 내 앞에 다시 공허한 교황청의 민 벽이 드러났다. 그 시대의 가구나 장식품들이 사라진 자리를 자세히 바라보면 희미한 자취가 아직도 남아있다. 교황청 대강당의 벽을 장식한 문양이 조금이나마 남아있고 누군가 그려 놓은 프레스코화가 한쪽 벽에 어슴푸레하게 보인다. 더 자세히 보기 위해 가까이 다가갔다.

보인다. 보인다…. 낡고 퇴색된 벽에서 세월의 흔적이 보이고 아직 지워지지 않은 천정의 벽화와 오랫동안 밟고 다닌 바닥의 타일에서 유구한 역사의 발자국이 보인다.

나는 오히려 사라져 가는 옛날의 희미한 자취가 더 좋았다. 사라지는 것은 사라지는 대로 두는 게 자연스럽다.

마치 나이 든 늙은 여배우의 성형한 얼굴을 보는 것 같은 3D 영상보다 오히려 민낯의 텅 빈 건물을 보면서 과거의 대립이나 권위가 덧없는 것임을 실감할 수 있었다.

아비뇽 교황청은 이곳 프로방스의 어디에서 본 성보다도 웅장하고 견고했지만 가장 허전하고 쓸쓸한 건물이기도 했다.

역사가들은 당대에 지은 건물 중에서 위용이 사라지고 폐허가 된 석조건물을 빗대어 '채석장'이라는 말로 표현한다. 채석장은 말 그대로 돌을 캐는 곳이다. 한마디로 의미가 사라진 돌무덤이라는 뜻이다. '흙에서 나왔으니 흙으로 돌아가라.'라는 인간의 섭리와 닮았지만 왠지 한 시대를 풍미하던 건물에는 가장 굴욕적인 말처럼 들린다

아비뇽 교황청은 채석장이라고 하기에는 아직은 쓸만하다. 그래서인지 시대를 거치면서 다양하게 활용되었다.

프랑스혁명 때에는 군대의 막사가 되어 병정들의 발에 짓밟히기도 하고 때론 감옥이 되어 죄수들을 가두는 담벼락이 되기도 했다. 남의 나라에서나마 교황청의 권위를 지켰으나 한순간에 패망을 겪은 연극과도 같은 운명처럼 현대인들은 연극을 좋아하는 사람들의 페스티벌 장소로 만들었다.

교황이 산책하던 정원 로세대돔에는 철 구조물이 세워지고 있었다. 매년 7월이 되면 이곳에서는 전 세계 연극인들의 축제가 펼쳐지고 교황청은 연극의 무대가 된다고 한다. 불꽃을 튀기며 철판을 엮고 있는 그곳에서 오래된 건물은 연극 같았던 역사의 서막을 재현하려는 중이다.

굴욕의 단어를 비껴간 대신 파란만장한 시련을 겪고 있는 건물이다. 한때의 명예나 영광, 굴욕조차 세월 앞에서는 물거품과도 같다는 말이 교황청의 구석마다 서려 있다.

'없는 것이 있는 것'이라는 역설적인 말이 교황청 여기저기에서 들리는 듯하다.

아비뇽의 골목길
아비뇽의 골목길은 밤이면 중세의 시간으로 되돌아간다

처음 아비뇽에 왔을 때 골목에서 길을 잃은 적이 있었다. 처음엔 길을 잃었지만 길을 찾는 동안 점점 골목길의 매력에 빠져서 골목 여행이 되고 말았다. 중세의 건물 안에는 사람들이 살고 있고 때론 물건들이 진열되어 있는 가게이기도 했다. 향수와 꽃, 아름다운 유리 장식들과 그릇, 구두 등을 파는 가게이다가 화려한 드레스 숍이 나타나기도 하고 가방을 만드는 장인의 망치 소리가 들리기도 하였다.

이 길 끝에는 무엇이 있을까…. 호기심으로 걷다 보면 수생식물이 온통 건물을 에워싸고 있는 시장 건물이 나오고 또다시 길을 걷다가 문득 바라보면 교황청의 우뚝 솟은 담벼락과 마주한다. 골목길은 신기하게도 막힘없이 어디론가 뚫려있었다. 그러다가 멀리 물레방아가 보였다.

처음 숙소가 있는 골목길 앞에 유리 파편들이 흩어져 있는 걸 보고 이곳이 우범지역이 아닌가 걱정했었다. 베르동 계곡에서 차창 소매치기 사고를 당한 뒤부터 유리 조각에 대한 트라우마가 생긴 듯하다. 하지만 그것은 나의 우려였음을 곧 알게 되었다.

 오월의 프로방스는 저녁 아홉 시가 넘어도 해가 지지 않는다. 아예 저녁이라는 통과 의례 없이 바로 밤으로 이어지는 것 같다. 짧은 밤이 아쉬워서일까? 사람들은 해가 지면 모두 밖으로 나와 밤을 즐긴다.
 하룻 내 문이 닫혀 있던 이웃집 대문이 활짝 열려있다. 사람들이 웅성거린다. 이곳이 와인 바였다는 걸 낮 동안에는 몰랐었다. 전혀 영업장 같지 않은 집안에 대문만 열렸을 뿐인데 손님들의 웃음소리가 집 안에 가득하다. 어두운 골목길에서 바라보면 창문으로 불빛이 켜진 집안의 모습이 환히 보인다. 넓은 식탁에 빙 둘러앉은 사람들, 둘씩 셋씩 무리 지어 서 있는 사람들은 모두 한 손엔 와인 잔을 들고 있다. 사람들이 한꺼번에 웃는 소리가 들린다. 왠지 골목 안이 훈훈하다는 생각이 들었다.
 숙소 앞에 집과 집 사이로 흐르는 개울이 있다. 낮에는 이 개울이 내가 사는 동네를 알려 주는 이정표에 불과했다. 개울 위에 놓인 좁은 다리를 건너야만 시청 앞에 있는 오를로주 광장과 교황청 그리고 론 강으로 갈 수가 있기 때문에 이 다리는 내가 있는 숙소에서 중심가로 나가는 유일한 통로였다.
 수로 곁에는 오래된 오동나무가 서 있고 커다란 물레방아가 있다. 개울의 폭에 비해 물레방아가 무척 크다는 인상을 받았다. 이 마을은 중세시대 옷감에 물을 들이던 사람들이 모여 살던 동네라고 한다. 물레방아는 이 마을의 문화유산인 셈이다. 지금은 물도 그리 많이 흐르지 않고 폭도 좁지만, 중세의 이 마을은 굉장히 역동적이었을 것 같은 생각이 든다.

물레방아가 돌아가고 그 아래에서 옷감에 물을 들이는 사람들, 개울에 흐르는 물빛도 그날 물들인 옷감의 색깔에 따라 다르게 바뀌었겠지…, 주변에는 온통 화려한 옷감들이 휘장처럼 바람에 날리고 앞치마를 두른 여인들이 바쁘게 옷감 사이를 헤집고 다니는 광경을 그려본다. 하지만 지금은 전혀 다른 모습이다. 조용하고 한적한 골목은 낮 동안 지나다니는 사람이 뜸하고 개울가의 널찍한 돌바닥과 물레방아만이 중세의 흔적으로 남아있을 뿐이었다. 그런데 저녁에 이 다리를 건너면서 낮의 모습과 전혀 다른 분위기의 개울가를 보았다.

물레방아 주위로 사람들이 모여 맥주를 마시고 있다. 작은 백열등 불빛이 개울에 반사되어 흔들리는 모습이 마치 고흐가 그린 그림 속의 별빛을 떠올리게 한다. 사람들의 이야기 소리와 어른들을 따라 나온 아이들의 웃음소리가 섞여 시끌벅적하다. 나무 탁자에 앉아 하루의 피로를 푸는 사람들의 모습에서 다시 중세의 활력을 되찾은 마을을 보는 것 같았다.

아비뇽에서 수제 맥주를 가장 잘 빚는 사람이 이곳, 개울가에 살고 있다고 한다. 그는 밤이면 자신의 집 앞에 탁자와 의자를 내어놓고 자신이 직접 빚은 맥주를 마시면서 친구들과 하루 정담을 나누었다고 한다.

소문은 천천히 퍼져서 저녁이 되면 이곳 개울가를 찾아오는 사람들이 많아졌고, 이 골목은 밤이 되면 낮의 얼굴과는 또 다른 분위기로 바뀌게 되었다. 사람들은 왜 화려하고 세련된 큰 길가의 펍으로 가지 않고 외진 골목길에 있는 이곳을 찾아올까? 정이란 건 약간은 허술하고 투박한 곳에서 싹트는 것 같다. 서양이라고 다르지 않다. 늦은 밤 시원한 맥주를 앞에 두고 개울가 오동나무 아래 탁자에 앉아 있으면 너희 나라는 어디냐고 묻는 사람이 많았다. 그들과 인사를 나누고 함께 맥주를 마시면 내가 원래 이 동네 사람이 아니었나 하는 착각이 들기도 했다.

밤이 되면 이곳은 중세의 시간으로 돌아간다. 멈춰있던 물레방아가 다시 돌아가고 냇가에는 물들인 천들이 깃발처럼 나부끼고 있다. 사람들은 웃고 떠들고 술잔을 부딪친다. 아비뇽의 골목길은 밤마다 마술에 걸린다.

IV

나를 붉게 물들이다

프로방스의 시골버스
아를로 가는 길

아를로 가는 버스 안에서 프로방스의 속살을 바라본다.

창문으로 손을 뻗으면 닿을 듯한 올리브 나무에는 하얀 꽃이 가지가 늘어질 만큼 수북하게 피어있다. 퇴색된 양철 지붕 방앗간과 공터에 버려져 있는 녹슨 압축기, 뒤뚱거리며 지나가는 거위 한 쌍의 모습, 프로방스의 전원풍경이 내 눈앞에 거침없이 펼쳐지고 있다.

나뭇가지에 빨래를 널고 있는 아낙네와 그 곁에 쪼그리고 앉아서 담배를 피우는 여인, 공을 차는 아이들의 모습, 차창 밖으로 소박한 삶의 모습이 스쳐 지나간다.

오늘은 아침부터 일정이 꼬이기 시작했다. 아를로 가기 위해 일찍 역으로 나왔으나 열차는 파업 중이고 대신 마련해 준 버스마저 시간이 지났는데도 나타나지 않았다. 아비뇽에서 아를까지 기차로는 20분이면 갈 수 있는 거리인데 버스는 한 시간을 넘게 타고 가야 한다.

평소에 기차역 앞에서 버스가 대기한다는 말만 믿고 기다렸지만, 버스는 감감무소식이다. 누군가 버스 터미널로 가 보라고 하기에 그곳으로 가 봤지만, 그곳 역시 아를로 가는 버스는 없었다. 우왕좌왕하다가 할 수 없이 아를과 같은 방향인 님Nimes으로 가는 시외버스를 타고 다시 님Nimes과 아를이 갈라지는 곳인 타 하스코에서 시내버스로 갈아타는 방법을 택했다.

우리가 탄 버스는 시골 마을을 골고루 돌아다니며 사람들을 태우고 내려 주는 시골 버스였다. 프랑스 사람들은 모두 몸에 향수만 뿌리고 사는 줄 알았는데 이 버스에서 타고 내리는 사람들은 흙냄새가 밴 수더분한 농부들이었다. 버스 창가에 기대어 끄덕끄덕 졸고 있던 사람이 자신이 내려야 할 곳이 지나쳤다고 달리는 버스를 길가에 세우기도 했다.

오늘은 일진이 꽤 나쁜 날이라고 생각한 처음과 달리 이곳의 풍경과 이곳 사람들의 진솔한 모습을 보면서 오히려 여행의 재미란 이런 게 아닌가 하는 생각이 들었다.

기차 여행이 멀리 있는 창밖의 경치를 즐기는 여행이라면 버스를 타고 가는 여행은 바로 눈앞에서 사람들의 삶을 바라보는 여행이었다.

기차 여행으로 볼 수 없는 경치를 시골 버스는 보여주고 있다. 양귀비꽃이 무리 지어 핀 언덕을 시냇물과 함께 달리다가 다리를 건너기도 하고 붉게 익어가는 버찌가 버스 창문에 손이 닿을 듯 스치기도 한다. 탁 트인 들판으로 난 길에서는 멀리 하얀 석회암으로 이루어진 봉우리가 보인다. 앙드레 지드의 작품 속에 프로방스의 산들이 묘사되어 있었다. 저 산은 알퓌유 산이 아닐까? 아니면 바람이 많이 부는 방투산 일지도 몰라, 정상이 평평한 걸 보면 뤼베롱 산이 맞겠는 걸… 틀려도 상관없다. 어느덧 나도 느슨한 여행객이 되어 경치를 즐기고 있다.

타 하스코에 도착했다, 고흐는 자신이 무거운 화구를 메고 걸어가는 모습을 그린 그림에 "타 하스코로 가는 길"이라는 제목을 달았다. 고흐도 아를과 가까운 이곳을 다녀갔던가 보다. 우리를 내려 준 정류장 주변에 로마 시대 건물들이 보인다. 입소문이 난 동네보다 오히려 이곳처럼 한적한 시골에서 더 여행의 맛을 느끼게 된다.

멀리서 버스 한 대가 우리가 있는 곳을 향해서 달려오고 있다. 어느 나라나 시골 풍경은 비슷하다. 버스를 보고 어디선가 사람들이 하나둘 모여들기 시작했다. 버스에 빈 좌석이 없을 만큼 꽉 찼던 이유를 아를에 와서야 알 수 있었다, 마침 오늘이 아를에서 장이 열리는 날이었다. 도로변으로 끝이 보이지 않을 만큼 긴 장이 서 있었다.

이곳의 버스는 대부분 여자 기사님이 운전한다. 몸집이 거대한 아줌마 기사님은 비좁은 버스 통로를 다니며 차표를 끊어 준다. 그리고는 이 버스는 아를로 가는 버스이니 님Nimes으로 가는 손님은 내려 달라고 소리 지른다. 몇 사람이 주춤거리며 일어나서 내리고 있다. 아직도 글을 읽지 못하는 프랑스 사람이 있는 이곳은 진짜 프로방스의 깡촌이 맞는 것 같다.

지루하지 않은 풍경 끝에 멀리 아를의 성곽이 보이기 시작했다.

고흐가 없으면 아를도 없다
별이 빛나는 밤, 아를

어젯밤 '고흐의 편지'를 마저 읽었다. 이곳에 오기 전 파리 외곽에 있는 오베르 쉬르 우아즈에서 고흐의 마지막 자취를 만났다. 바람에 일렁이는 밀밭과 쓸쓸한 그의 무덤을 보면서 불꽃 같은 열정의 그림을 더는 볼 수 없게 만든 아를을 꼭 가봐야겠다고 생각했다. 지금 고흐를 만나러 아를로 간다.

버스는 아를 시내에 우리를 내려 주고 이내 떠났다. 우연히도 오늘이 아를의 장날이었다. 길가에 끝이 보이지 않을 만큼 긴 시장이 섰다. 시끌벅적한 장터 옆에 있는 성곽을 사이로 두 시대가 공존하고 있다.

성문 안으로 들어서자 시곗바늘이 멈춰버린 듯 중세의 모습이 나타났다. 입구의 원형경기장은 크고 웅장하다. 로마의 콜로세움보다 더 완벽하게 원형의 틀을 그대로 보존하고 있는 아레나의 돌층계에서 나이 지긋한 여가수가 노래를 한다. 그가 연주하는 기타 소리와 고뇌에 찬듯한 여가수의 노래가 조용한 아를 시가지로 울려 퍼지며 마치 영화의 서막을 알리듯 중세도시의 문이 서서히 열리고 있다.

나는 느긋하게 앉아 그 여가수가 햇빛을 피해 다른 곳으로 자리를 옮길 때까지 노래를 들었다. 샹송을 부르기에는 조금 거칠고 쉰 음성이지만 힘이 있는 목소리였다.

> 늙고 가난한 사람들은 얼마나 아름다운지 그 들을 묘사하기에 적합한 말을 찾을 수가 없다.
> 캔버스와 마찬가지로 우리의 삶도 무한하게 비어 있는 여백.
> 삶이 아무리 공허하고 보잘것없어 보이더라도
> 확신과 힘과 열정을 가진 사람들은 쉽게 패배하지 않을 것이다.
>
> - '고흐의 편지' 중에서

여가수의 비어 있는 그릇에 동전을 넣으며 고흐가 바랐을 파이팅도 함께 담았다.

경기장 앞으로 난 골목길을 따라 들어갔다. 널찍한 광장이 나온다. 화강암으로 만든 오벨리스크가 우뚝 서 있는 시청 앞 광장에 네 마리의 사자가 내려 다 보고 있다. 분수대에서는 시원한 물이 뿜어져 나오고 있지만 늦은 봄날, 정오의 광장에는 사람들이 드물었다.

어쩌다가 그런 일을…. 자신이 자른 귀를 싸매고 이 광장을 질러갔을 고흐와 그를 경멸하고 업신여긴 군중의 무리가 가장 많이 모였을 장소, 나는 지루한 햇볕이 내리쬐는 광장을 피해 그가 입원했던 요양원으로 갔다.

요양원 앞뜰의 화단이 먼저 눈에 뜨였다. 고흐가 그린 그림 속의 풍경과 똑 닮은 방사형의 화단에는 그 시절에 피웠던 꽃들이 그날처럼 자라고 있다.

다시 한번 말하지만 지금 나를 정신병원에 가둬 버리든지 아니면 온 힘을 다해 그림을 그릴 수 있게 내버려다오.
일할 기회는 한 번 가면 되돌아오지 않는다는 것을 알기 때문에 맹렬히 작업하고 있다.
나의 경우 더 심한 발작이 일어나면 그림을 그리는 능력이 파괴되어 버릴지도 모른다.

- '고흐의 편지' 중에서

동생 테오에게 보낸 참으로 절박한 심정을 쓴 편지다. 자신이 언제 발작을 일으킬지 모르는 상황에서 가장하고 싶은 일에 몰두할 수 있게 도와 달라는 간절한 부탁의 글이다.

고흐는 이곳에서 눈에 보이는 모든 것을 그렸다. 고흐가 바라보았을 시선에서 나도 그곳의 사물을 바라보았다. 지금은 고흐의 문화원으로 변해 버린 요양원 건물의 하얀 창틀 사이로 예리한 빛살이 꽂힌다. 고흐의 절실한 심정이 빗맞고 나가떨어지는 듯한 느낌이 든다.

'밤의 카페테라스' 속 배경의 건물이 어디쯤 있느냐고 물었을 때 가봐야 별 것 없다고 한 관광 안내소 직원의 말이 의아했다. 안내소에서 그리 멀지 않은 곳에 있는 '반 고흐 카페'를 어렵지 않게 찾을 수 있었다.

간이 의자로 가득한 포럼 광장 주변에 고흐의 그림 속 노란 카페는 여전히 그곳에 있었다. 노란 차양과 발코니, 붉은 의자들, 틀린 그림을 찾아보기라도 하듯 그림과 꼭 닮은 모습이다.

"피자와 스파게티가 맛있어요. 들어오세요"

날씬한 몸매의 아가씨가 호객한다. 누군가 이곳을 130년의 역사를 가진 맛없는 레스토랑이라고 했다. 이곳에서 고흐는 레스토랑의 수익을 올려주는 브랜드가 되어있었다. 관광 안내원이 내뱉은 말의 뜻을 알 것 같았다.

어쨌든 점심은 먹어야 하겠기에 '반 고흐 카페'의 노천 의자에 자리 잡고 앉았다. 내 곁에 한 무리 여학생들이 친구의 생일파티를 하고 있었다. 그런데 참 아이러니한 일이 벌어졌다. 여학생 중 한 명이 나에게 한국에서 왔느냐고 물었다. 그렇다고 대답하기를 기다린 듯 모두 함께 "방탄"과 "fake love"를 외치며 유쾌하게 떠든다. 소녀들이 부르는 떼창으로 인해 갑자기 고흐의 시간에서 한류 열풍의 시간으로 분위기가 바뀌었다.

한류의 본토에서 왔다는 이유 하나로 우리 부부는 소녀들의 인기를 한 몸에 받는 반짝스타가 되었다. 서로 우리 부부 곁에서 사진을 찍으려고 아우성이다. 사실 나는 방탄이 부른 노래 중 아는 게 하나도 없어서 그들에게 조금 미안했다.

십 년 전 동유럽을 여행할 때는 그곳에서 만나는 사람들이 한국인만 보면 말춤을 추곤 하였다. 올림픽을 치르고도 코리아를 몰랐던 사람들이 '오빠는 강남 스타일'라는 노래 하나로 코리아뿐 아니라 강남이라는 서울의 동네 이름까지 알게 된 것이다. 음악의 위력을 느꼈다.

그런데 오늘, 한류의 쓰나미가 이곳 프로방스 시골 마을까지 휩쓸었을 줄이야…. 저 아이들의 우상이 방탄 소년인 것처럼 지금 나의 우상은 빈센트 반 고흐다. 가는 곳마다 그의 숨결이 닿아있는 이곳에서 나는 고흐를 느끼고 있다. 고흐는 아직도 이곳 아를에 살아 숨 쉬고 있다.

우리는 노력이 통하지 않는 시대에 살고 있는 것 같다.
이런 일이 우리 다음에도 계속될까 두렵다. 다음 시대의 화가들이 더 풍족한 생활을 할 수 있도록 우리가 발판이 되어 준다면 그것만으로도 무언가 이루어졌다고 할 것이다.

- 고흐의 편지 '노력이 통하지 않는 시대' 중에서

고흐는 아를에서 '유토피아 미술 집단 만들기'를 꿈꿨다. 다음 시대의 화가들이 자신들처럼 가난하지 않고 풍족한 삶을 누리게 하기 위해서는 서로 협력하는 일이 무엇보다도 중요하다고 여긴 것이다. 유토피아 미술 집단은 만들어지지 못했지만, 노력이 통하지 않는 시대는 더는 대물림되지 않았다. 단지 그림의 영역에서뿐만 아니라 모든 예술인이 지금은 그들이 가진 능력보다도 노력을 인정받는 시대가 되었기 때문이다. 지금 저 소녀들이 열광하는 방탄 소년들이 바로 노력이 인정받는 시대의 결과물이다.

사실 아를은 어느 도시보다도 아름다웠다. 언덕을 오르면 나타나는 공원, 골목을 걷다가 보면 몇 번이나 마주치게 되는 원형경기장과 그 옆에 폐허가 되어 나 뒹굴고 있는 고대 극장의 돌기둥들…. 고흐가 아니었다면 아름다운 도시로만 기억되었을 이 오래된 도시는 어디를 걸어봐도 고흐의 방황과 상실감, 뿌리 깊은 고뇌가 서려 있는 듯하다. 아를은 고흐가 사랑한 도시이며 그의 영혼의 고향이다. 고흐가 없으면 아를도 없다.

나는 고흐의 그림을 볼 때마다 강렬한 붓 터치 뒤에 오는 진한 슬픔을 느낀다. 고흐에 대한 연민으로 나만 그렇게 느끼는 건지 모르겠다. 하지만 고흐도 항상 우울하지만은 않았던 것 같다.

> 여기 우리 집 외벽은 신선한 버터 빛깔 노란색으로 칠해져 있어 셔터는 반짝거리는 녹색이지
> 이 집은 광장의 한 자리를 차지하고 있는데 광장에는 플라타너스 협죽도 아카시아가 자라는 녹색 정원이 있지
> 집 안은 온통 회반죽이고 바닥에는 빨간 벽돌을 깔아 놓았지
>
> — '누이에게 보낸 편지' 중에서

마치 자신의 집을 찾아오라고 설명하는 것처럼 자세하게 표현된 이 편지는 한 편의 동화를 생각나게 한다. 신선한 버터 색깔과 반짝거리는 녹색 집이라니, 나는 편지에 쓰인 대로 광장 주변의 노란 집을 찾아다녔다. 아를에서 노란 집 찾기는 서울에서 김 서방 찾기와 같다. 노란 집이 한둘이 아니었다. 한참을 헤매다가 결국 지나가는 여행자에게 도움을 청하였다. 노란 집은 제2차 세계대전 때 파괴되었고 지금은 그 자리에 유스호스텔이 들어섰다고 한다. 경상도 사투리가 심한 한국인 여행자에게서 얻은 정보다.

저녁 무렵, 론 강 위의 하늘엔 보랏빛 신비한 노을이 번지고 있다. 조금 전만 해도 사람들이 뜸했는데 해가 지기 시작하면서 사람들이 강으로 모여든다.

그냥 걷다 보면 발길이 머무는 곳이 강가일 수도 있고 노을을 보기 위해서 또는 별을 보기 위해 사람들은 강으로 간다. 화구를 메고 이곳에 와서 론 강의 별을 그린 고흐의 자리에는 어김없이 많은 사람이 서성거린다. 별이 뜨면 아마 그림 속의 풍경이 그대로 나타나게 될 것이다.

> 밤은 낮보다 색깔이 더 풍부하다. 어떤 별은 레몬 빛 노란색이고, 어떤 별들은 분홍색 , 또는 녹색 파란색, 물망초 색으로 빛나기도 하지.
>
> – '누이에게 보낸 편지' 중에서

마치 시를 읽는 듯한 서정적인 편지는 고흐가 별이 빛나는 밤하늘을 그린 뒤에 보낸 편지가 아닐까?

강변에서 아침에 우리와 함께 버스를 타고 왔다가 성벽 앞에서 헤어진 영국인 여행객을 다시 만났다. 이 부부는 론 강 위에 뜨는 별을 바라보고 싶어서 오늘 하루 이곳에서 머물기로 했다고 한다. 별빛이라는 말에 마음이 잠깐 흔들렸다.

강물이 더욱 붉어졌다. 아비뇽으로 돌아가는 마지막 버스를 놓치지 않으려면 지금 뒤돌아서야 한다. 누군가 내 옷자락을 자꾸만 붙잡는 것 같다.

물의 도시
님Nimes

    아비뇽에서 만난 젊은 친구가 아를과 님Nimes 중에 어느 곳이 더 좋으냐고 묻는다. 시간상 두 곳 중의 한 곳만 가야 하기 때문이라고 한다. 마치 어린아이에게 "엄마와 아빠 중 누가 더 좋으니"라고 묻는 것처럼 애매한 질문이다. 님Nimes으로 가는 노선은 어제 아를을 가기 위해서 갔던 노선과 비슷하다. 다만 아를과 같은 방향으로 진행하다가 타 하스코에서 갈라진다. 타 하스코까지는 어제 갔던 길과 똑같은데 기분 탓일까? 오늘은 어제와 다른 풍경을 보는 것 같다.

    버스에서 내려 도심으로 들어가는 문을 통과하면 마치 길 안내라도 하듯 수로가 길게 펼쳐져 있다. 펼쳐져 있다는 느낌이 든 것은 마치 칸에서 보았던 귀빈들을 위한 레드카펫처럼 푀세르 대로를 따라 샤를 드골 광장의 분수 앞까지 낮은 물길이 흐르고 있기 때문이다.

    님Nimes은 샘의 정령인 '니마 우수스'에서 이름을 따왔다. 이름만 들어봐도 이 도시에는 물이 많다는 걸 알 수 있다. 현지인들은 '님'이 아닌 '니마'라고 불렀다.

　이곳은 프랑스에서 가장 오래된 로마 시대의 도시다. 거대한 원형 경기장인 아레나는 아를의 경기장보다도 규모가 컸다. 더구나 보존 상태도 거의 완벽해서 지금도 이곳에서는 투우 경기를 한다는 포스터가 붙어 있었다.

　이곳 내부의 전시관에 들어서자 로마 시대 검투사들의 모습과 그들이 사용한 무기들이 전시되어 있다. 영화 속에서 왕이 엄지손가락을 아래로 꺾으면 검투사는 자신의 칼 아래 있는 상대 검투사의 목을 베는 장면을 보았다. 잔인했다. 바로 이곳이 무고한 생명을 사라지게 한 장소였다고 생각하니 오랜 세월이 흘렀지만, 왠지 억울한 영혼의 한이 스민 것 같은 중앙 광장의 흙은 밟고 싶지 않았다. 지금은 검투사 대신 그토록 순한 소를 상대로 사람들은 흥분하고 열광하고 있다. 아직도 2000년 전 로마 시대 모습을 그대로 지닌 아레나는 그 시대의 함성까지도 변함없이 전승하고 있는 듯했다. 아레나 안에서는 지금도 로마제국 아우구스투스 황제 시절이 이어지고 있는 것 같았다.

　구 도시로 갈수록 이곳이 로마가 아닌가 하는 착각이 드는 것은 로마에서 본 건물들이 이곳에도 건재해 있기 때문이다. 뼈대만 남은 아폴론 신전과는 달리 메종 카레 신전은 그 형태가 완전해서 어디서 봐도 세월의 흔적조차 느껴지지 않는 건축물이었다. 더구나 길 하나 사이로 초현대식 건물 카데다르가 있었으나 전혀 기죽지 않고 오히려 현대와 중세가 함께 어우러진 조화로운 모습을 보았다.

　가끔 무언가 비교를 하다 보면 한쪽이 기울거나 다른 모습이 보이게 된다. 그런데 고대 건물인 메종카레와 초현대식 건물 카데다르는 건물의 재료는 물론 건축의 디자인까지 완벽하게 다른 데도 같은 시대에 만든 것처럼 융화가 된다. 내가 보기엔 코린트식의 쭉쭉 뻗은 원기둥의 메종 카레가 현대적인 건물에 더 뒤지지 않아 보였다. 역도 경기 같은 기록경기에서 서로 동점일 경우 나이를 기준으로 승리자의 손을 들어주는 것처럼 나는 역사가 깊은 고대의 건축기술에 손을 들어주었다.

퐁 텐 공원에서 지친 다리를 쉬어 준다. 커다란 분수와 수로에서 미스트처럼 흩어지는 물안개가 몸과 마음을 촉촉하게 해 주는 듯하다. 울창한 나무와 연못, 거대한 수로가 있어 여행자들의 쉼터가 되기에 꼭 알맞다. 이곳 공원에서의 휴식은 물의 에너지를 흠뻑 받아서인지 한여름에 여행을 온다 해도 지칠 것 같지가 않다.

도시 전체에 물길이 촉촉하게 흐르고 있는 님Nimes은 야성과 감성을 겸비한 매혹적인 도시이다. 아를과 님Nime을 굳이 비교하자면 아를은 아름다운 여성으로 표현할 수 있고 님Nimes은 근육이 튼튼한 멋진 남성과 같다고 할까? 이 둘을 함께 보아야만 완전한 여행이 될 것 같다.
바로 이웃하고 있는 두 도시는 마치 성격이 전혀 다른 부부가 백년을 해로하며 사는 것처럼 보인다.
나는 다니던 회사에 사직서를 내고 여행을 왔다는 젊은 친구에게 하루 늦게 집에 가더라도 님Nimes은 꼭 들렀다가 가라고 말해 주었다. 내가 기분 좋게 촉촉한 이곳에서 옛것과 새것의 조화를 느낀 것처럼 그도 새로운 직장에서 조화롭게 잘 견뎌내 주길 바라는 마음에서였다.

오래된 마을의 느리게 가는 시간
고르드 마을

프랑스에서는 해마다 아름다운 마을들을 선정한다. 지금, 그 첫 동네인 고르도로 간다. 나지막한 돌담과 금방 쟁기질을 마친 듯한 밭이랑이 골을 타고 달리고 있는 이곳은 아득한 옛날에 내가 보았던 어떤 풍경과 닮았다. 나는 젊은 아버지와 잘 다듬어진 밭들 사이로 난 길을 걸었던 것 같다. 새벽이었고 아침 이슬이 발을 적시었다.

내가 이곳 프로방스 여행을 좋아하는 이유는 전혀 다른 이색적인 풍경 속에 어디에선가 본 듯한 과거의 모습을 만나 볼 수 있기 때문이다. 그리고 아무렇지 않게 흘려보낸 보통의 일상들이 소중한 추억으로 재생되는 것이 좋다. 바로 지금, 이 순간처럼….

프로방스의 북쪽, 고원에 있는 암벽 언덕 꼭대기에 빛바랜 석조건물들이 옹기종기 모여 있는 모습이 보인다. 마을 반대편에 있는 아슬

아슬한 절벽이 이 마을을 전망할 수 있는 가장 좋은 위치였다.

  차를 세운다. 우리가 사진으로 본 고르도 마을의 전경은 모두 이곳에서 찍은 것이다. 위험 표지판 하나 없는 아찔한 낭떠러지에서 자신의 뒷모습을 배경으로 멀리 고르도 마을의 전경을 찍는다. 위험해 보이는 것은 사진을 찍는 여행객이 아니라 건너편 고르도 마을이다. 산꼭대기 비탈에 있는 집들이 바위처럼 굴러 내리지 않을까 위태로워 보인다.

  반대편 벼랑에서 바라본 마을의 모습과 달리 마을 안은 제법 넓은 광장이 있고 광장 중앙에는 우뚝 선 병사의 동상이 마을을 지키고 있다. 이 마을은 신석기시대부터 사람이 살았던 흔적이 있었으며 로마인들이 정착하여 마을을 이루었다. 마을 언덕에 있는 성이 무너지면서 사람들은 그 돌을 가져다 집을 지었고 그래서인지 마을의 건물들은 모두 돌을 쌓아서 만든 비슷한 집들이었다. 무채색 마을이란 첫 느낌도 아마 똑같은 돌집들 때문인 것 같다.

  돌층계를 따라 낮게 지어진 집의 울안이 훤히 보인다. 빨래가 걸려 있는 모습이 마치 우리네 시골집 같은 정경이다. 까맣게 익은 오디가 수북이 떨어진 돌담 위에는 고양이 한 마리가 졸고 있다. 참 평화롭다.

  마을을 둘러싸고 있는 낮은 담장 아래로 멀리 고원이 끝없이 펼쳐져 있다. 지금은 양귀비꽃이 지천으로 피어있는 붉은 언덕이지만 곧 초여름이 되면 라벤더 꽃이 주변을 온통 보랏빛으로 물들인다고 한다. 보랏빛 라벤더 꽃물결 위에 섬처럼 또 있는 고르도를 상상해 본다.

  아…, 이곳에서 사계절을 맞이해 보고 싶다. 라벤더 꽃을 걷어 낸 가을 들판은 또 어떤 빛깔일까? 미친바람이라고 부르는 겨울의 미스트랄이 돌담길을 휘젓고 다니는 광경도 만나보고 싶다.

오래전의 영화 '어느 멋진 순간A Good Year'은 이곳 북쪽 프로방스의 풍경을 배경으로 만든 영화다. 화면 가득 펼쳐진 드넓은 포도농장과 하늘을 찌를 듯이 서 있는 싸이프러스 나무가 있는 풍경, 프로방스의 자연과 함께 점점 자연인으로 변해가는 주인공 '맥스(러셀 크로우)'에게 반해서 지금껏 줄거리를 잊지 않고 있는 영화다.

고르도 마을이 영화의 촬영지였음을 듣고서야 이곳에 오는 동안 어디선가 본 것 같았던 낯익음의 실체가 영상 속의 풍경이었다는 것을 알았다.

이번 여행을 준비하면서 나는 그동안 읽고 싶었던 책과 스케치북을 챙겼었다. 한곳에 오래 머무르며 책을 읽고 여행 스케치를 하는 여유로운 여행을 꿈꾸었기 때문이다. 하지만 계획과 달리 하루는 여전히 바빴다. 책과 스케치북은 가방의 무게만 더 할 뿐, 쉬는 시간에는 책을 읽기보다 다음날을 위한 휴식이 우선이었다. 그런데 이곳 고르도 마을에서는 왠지 마음이 여유로웠다. 한 차례 단체 여행객들을 태운 버스가 떠난 뒤 광장은 조용해졌다.

여행을 떠나온 지도 한 달이 거의 다 되어간다. 집에 돌아갈 날이 가까워지면서 처음에 들떴던 것과 달리 마음이 차분해지고 가끔은 카타르시스를 느끼기도 한다. 내가 이곳을 다시 올 수 있을까, 다시는 만날 수 없는 친구와 헤어지듯 가는 곳마다 아쉬움이 남았다.

이곳 고르도 마을에서는 사색이 더욱 짙어졌다. 무너진 성벽의 돌로 다시 집을 짓고 사는 산 마을은 옛것을 새로 탄생시켰지만 그대로 옛

것이었다. 이제 더는 아쉬움을 갖지 않기로 한다. 헤어짐이 마지막인 줄 알았던 내가 이곳에서 '영원'이 존재한다는 것을 알았기 때문이다.

스케치북을 꺼내어 웅크리고 앉아 있는 커다란 개 한 마리를 그렸다. 아까부터 누렁이 한 마리가 이곳 광장을 어슬렁거렸다. 이곳 주민들은 모두 그 개와 친숙해 보였다. 오래된 마을의 느린 시간 속에 늙은 개 한 마리가 앉아 있는 그림은 고르드 마을의 이미지와 닮았다.

둥근 성채 앞 나무 그늘에 앉아서 꽤 오랫동안 마을을 바라보았다. 흑백사진과도 같은 마을은 시간이 멈춰버린 듯 고요하다.

우리가 타고 온 자동차에 시동을 거는 소리가 들린다. 나는 이곳에서 조금만 더 뭉그적거리다가 태양의 위치에 따라 다르게 보인다는 고르드 마을이 황금빛으로 변하는 마술을 보고 싶었다. 하지만 아직도 프로방스의 태양은 이곳 성채의 긴 그림자 꼬리를 감추려 하지 않고 있다.

나를 붉게 물들이다
루시옹에서

어린 시절의 소꿉놀이만큼 살림살이가 재미있다면 얼마나 좋을까, 그 시절 나는 주변에 널려있는 황토를 가지고 놀았다. 여자아이들은 풀잎에 황토를 뿌려 김치를 만들고 황토로 떡을 빚고 황토에 물을 부어서 고추장을 만드는 놀이를 하였다. 요즘 아이들이라면 납작하게 빚은 찰흙 위에 토마토소스처럼 황토를 뿌리며 피자 만들기 놀이라도 하련만 먹어 본 게 고작 김치와 고추장 같은 것 뿐이니 놀이도 다양하지 못했다.

사내아이들은 황토를 둥글게 빚어 공을 굴리며 놀기도 했다. 소꿉놀이를 한 날은 온몸에 붉은 황토물이 들었지만, 엄마는 나무라지 않았다. 황토는 우리 일상에서 흙 이상의 대우를 받았기 때문이다.

중세마을 루시옹 사람들은 황토로 집을 지었다. 황토를 짓이겨 바르기도 하고 뭉쳐서 벽을 쌓기도 하고 도자기를 만들기도 했다. 물감

대신 물에 타서 그림을 그리기도 했다.

　프랑스의 시골 마을은 집의 구조만 같을 뿐, 분위기는 모두 다르다. 색깔이 다르고 이야기가 다르고 소리가 다르다. 돌로 집을 지어 흑백사진과도 같은 마을이 있는가 하면 물길이 마을을 휘돌아 하룻내 물소리가 그치지 않는 마을이 있다. 이곳 루시옹은 마을 전체가 온통 붉은 노을 색이다. 언덕 위에 있는 주차장에 차를 세우고 내려오면서 바라본 마을은 잘 익은 복숭아처럼 빨갛게 익어 있었다.
　황토로 빚은 마을에는 황토색 교회와 황토색 카페, 황토색 갤러리 그리고 황토색 집들이 옹기종기 모여 있다. 누군가 만들어 놓은 미니어처처럼 언덕을 타고 차곡차곡 모여 있다.
　햇빛이 밝게 비치는 곳은 채도가 높은 붉은색으로, 그늘진 곳은 갈색으로, 연한 베이지에서 붉은 오렌지색에 이르기까지 햇빛을 바라보는 방향과 위치에 따라 채도가 다르게 보이는 붉은 집들을 보는 순간 고등학교 시절 미술 선생님의 팔레트가 떠올랐다.
　도회지에서 오신 미술 선생님의 팔레트는 무척 고급스러웠다. 가지각색의 물감들을 채도가 비슷한 순서대로 짜 놓은 선생님의 팔레트는 범접할 수 없는 물건처럼 보였었다.
　이 마을 사람들은 주변에 흔한 황토로 집을 짓고, 물에 타서 그림을 그리다가 오크라는 안료를 발견하였고 지금은 이곳의 황토가 귀한 재료로 대접받는 흙이 되었다고 한다.
　마을 전체가 그냥 갤러리다. 떨어진 무화과 열매를 창틀에 나란히 올려놓았을 뿐인데 액자 같고, 돌담에 그려 놓은 해바라기 우체통은 매일 열어 보고 싶을 만큼 예뻤다. 흙벽 담에 작은 도마뱀 조형물을 달아 놓은 센스도 눈길을 끈다. 땅콩 비스킷 같은 돌담길을 걸으면 마치 동화 나라에 들어온 것 같다. 꾸미지 않은 듯 꾸며놓은 아름다운 동네, 루시옹의 황토마을은 사람을 부지런하게 만든다. 빨리 걸어가서 보지 않으면 사라질 것 같은 신비함이 가득하다. 작은 것 하나라도 놓칠세라 유심히 보고 조목조목 걷는다.

여행자들이 사진을 찍고 기념품을 사는 건 대상에 대한 소유욕, 즉 욕망이라고 표현한 사람도 있다. 아무려면 어때 이렇게 예쁜 동네는 구석구석 다 담아둬야 해 눈으로 담고 카메라에 담고 내 마음에도 담아두었다.

프랑스에서는 해마다 인구 이천 명 이하가 사는 마을을 상대로 '작고 예쁜 마을'을 선정하고 있다. 마을 사람들은 예쁜 마을의 명예를 지키기 위해 자기 마을만의 특색을 내세워 개성 있는 마을로 가꾼다. 아름다운 물가가 있거나 특이한 풍경, 성채나 성벽이 있는 마을, 좋은 음식이 있는 마을이 '예쁜 마을'의 선정 조건이 된다.

루시옹 마을은 온통 붉은 황토로 마을이 형성되었고 언덕 아래로 파노라마처럼 펼쳐지는 아름다운 경관을 볼 수 있어서 매년 '가장 아름다운 마을'에 들곤 한다.

골목을 돌아 나올 때마다 마술처럼 나타나는 아름다운 집, 눈길을 끌 만한 호화 주택도 아니고 집 안에 풀장이 있는 넓은 정원이 있는 것도 아닌 어린 시절 동화책 속에서 본 듯한 집들이 내 상상력을 자극한다.

포도 넝쿨에 가려진 옥탑방의 창문을 열고 동화 속 공주가 나타날 것만 같았고, 붉은 지붕을 더 붉게 비춰 줄 달빛 지붕 위에서는 요정들이 춤을 출 것만 같다. 청동으로 만든 가로등은 원래 저렇게 황토와 잘 어울렸던 것일까.

　마을 입구에 있는 레스토랑의 발코니에서 저녁 노을빛에 물든 마을을 바라보았다. 황톳빛과 노을빛에 어울린 루시옹 마을이 온통 붉게 익어가고 있다.

　봄날, 황토 담장에 몸을 기대면 유난히 따뜻했던 기억이 난다.

　오늘은 내 마음에도 붉은 물이 들 것 같다.

사탕 가게 할머니
레 보드 프로방스

 알피니스(작은 알프스) 산맥의 자락에 자리를 잡은 레보드 프로방스는 마을 꼭대기에 중세기 이 지역을 통치하던 보Baux 영주의 성채가 있는 곳이다. 암반을 깎아서 만든 천혜의 요새인 이곳은 마을 전체가 은회색이었다.
 울퉁불퉁한 자갈길을 달려 도착한 곳에는 돌 외에 다른 재료는 전혀 사용하지 않은 듯한 집들이 아기자기하게 모여 있었다. 온통 석회암뿐인 마을 입구에 불그스름한 돌덩이 하나가 놓여있다.
 마치 이 마을의 빛깔이 무채색만은 아니라는 걸 알리는 듯한 이 돌은 보크사이트라는 광물질로 이곳 땅속에서 캐낸 알루미늄의 원석이다. 붉은 돌덩이는 한동안 이 마을을 풍요롭게 만들어 준 보물이었다.
 마을 전체가 하나의 커다란 바위에 조각해 놓은 모형과도 같다. 오랜 세월 퇴색되고 무너져 버린 돌 성벽 안에 아기자기 지어진 집들이 다른 마을에 비해서 더욱 견고하게 보였다. 나무나 흙 등 다른 재료

보다 단단한 돌이 더 많이 사용되었기 때문이다. 언덕 위까지 이어진 구불구불 한 돌층계가 여행자를 유연하게 이끌어 준다.

하얀 석회암 계단을 따라 올라가는 길엔 레스토랑과 기념품 가게들이 예쁘게 꾸며져 있다. 다른 곳에 비해 가게의 상품들이 유난히 화려하게 보이는 것은 주변이 온통 석회암으로 이루어져 있기 때문인 듯하다.

사탕 가게 할머니의 집이 그중 가장 화려했다. 이끌리듯 사탕 가게 안으로 들어갔다. 사탕 가게 안에서 할머니는 사탕처럼 보였다. 사탕보다 더 화려한 옷을 입고 은발에 하이힐을 신은 멋쟁이 할머니다. 할머니의 알록달록한 옷은 마치 보호색을 띤 도마뱀처럼 진열된 사탕에 묻혀있으면 보이지 않을 것만 같았다.

영화 '쉰들러 리스트'의 라스트 씬이 아직도 기억에 남는 것은 온통 무채색 배경에 빨간 외투를 입고 걸어가는 소녀의 모습이 도드라져 보였기 때문이다. 회백색의 석회암 건물 속에서 사탕 가게 할머니를 발견했을 때 언뜻 영화 '쉰들러 리스트'의 마지막 장면이 생각났다.

어쩌면 이 마을은 할머니의 사탕 가게를 위해 이처럼 무채색이 아니었을까 할 정도로 형형색색의 빛깔들이 돋보였다. 그리고 가게 안에서 사탕보다 더 사탕스런 옷을 입고 있는 할머니를 발견하고는 이 마을의 석회암 속에 숨어있는 붉은 보그 사이트를 발견한 첫 번째 사람처럼 기분 좋은 환성이 마음속에서부터 터져 나왔다.

밝은 색깔은 사람에게 밝은 기운을 준다. 사탕 속으로 사라지면 다시 나타날 것 같지 않은 할머니의 뒷모습을 카메라에 담았다. 모델료 대신 사탕을 샀다. 할머니는 덤으로 쫄깃한 생강 젤리를 주셨다. 우리는 손잡이가 달린 막대 사탕을 하나씩 물고 가게를 나섰다.

꼭대기에 폐허가 된 성채가 있다. 무너진 성터 위에 올라서면 멀리 줄지어 서 있는 싸이프러스 나무가 보이고 올리브나무와 포도밭이 있는 한가한 프로방스의 전원풍경이 한눈에 들어온다. 한 때 보$_{Baux}$ 영주의 넓은 농지였던 산 아래 들판은 아직 꽃이 피지 않은 초록 라벤더가 줄무늬 파자마를 입고 언덕을 내달리고 있다. 이곳에서 한 가문의 번영과 몰락의 역사를 충분히 가늠할 수 있었다.

중세시대, 이곳의 영주들은 살생권을 가지고 있었다. 그 권력을 휘두르던 곳이 바로 내 눈앞에 있다. 낭떠러지는 그 시대 귀족들에게 주어진 살생권이 행하여지던 곳이다. 영주의 맘에 들지 않는 사람은 이곳 절벽에서 밀어 버린다는 말을 듣고 뾰족하게 노려보고 있는 절벽에 가까이 가기가 두려워졌다.

산꼭대기에는 아직도 중세시대 보$_{Baux}$ 가문의 위용이 군데군데 남아있다. 비록 관광객을 위해 만들어 놓았고 지금도 복원 중이라고는 하지만 무거운 공기는 아직 그대로 맴돌고 있었다. 뜨거운 태양이 오랜 세월 그 자리에서 지켜보았을 석회암 바위들을 달구고 있다.

요새를 돌아보는 동안 할머니가 준 막대 사탕은 그새 다 닳아 없어지고 말았다. 오던 길로 내려오는 동안에 아직도 사탕 가게가 그곳에 있을까? 라는 엉뚱한 생각이 들었다. 아무래도 내가 신기루를 본 것만 같다.

아주 오래된 기억
빛의 채석장 Carrières de Lumières

그림 속을 유영해 본 적이 있나요? 커다란 어항 속에서 물고기가 헤엄치듯 나는 피카소의 그림이 수초처럼 흔들리고 있는 빛의 채석장에서 한 마리 물고기가 되어 천천히 흘러가고 있다. 나의 온몸에 문신처럼 피카소의 그림이 투영된다. 피카소의 그림 안에 내가 있다.

레 보드 프로방스에서 천천히 언덕을 내려오다가 그 옛날 석회암을 캐던 채석장을 만났다. 그동안 프로방스의 여러 마을을 다니면서 느낀 게 있다. 프랑스 사람들은 옛사람들의 숨결이 담긴 곳은 어느 것 하나 소홀히 하지 않는다는 점이다. 돌을 캐던 채석장 역시 그대로 방치해 둘 리가 없다. 햇빛이 들지 않는 어두컴컴한 벙커는 인공의 빛을 활용하여 작품 감상을 하는 창의적 공간으로 탈바꿈시켜 놓았다. 이곳이 바로 '카리에르 드 뤼미에르' 빛의 채석장이라고도 한다.

지금은 피카소의 작품을 전시하고 있었다. 바로 이전에는 고흐의 작품을 전시하였다고 한다. 전시가 아니라 상영이라고 해야 맞는 말이다. 돌을 캐내고 생긴 채석장의 벽에 빔을 쏘아서 영상으로 그림을 감상하기 때문이다.

몇 해 전 서울의 한 미술관에서 명화에 디지털 영상을 접목한 3D 라인 전시회를 본 적이 있다. 기존의 명화에 디지털로 시간의 흐름과 움직임을 넣어 그림을 재창조하는 아티스트들의 작품전이었다. 고흐의 자화상이 활짝 웃고 있고 모네의 수련이 바람에 날려 흔들렸다. 하지만 이 전시회를 바라보는 나의 시각에는 명화의 재창조란 본질을 훼손시키는 것, 그 외에 다른 의미는 없었다. 그래서였는지도 모른다. 이곳 빛의 채석장 전시도 그다지 흥미를 끌지는 못했다.

프랑스 문화라는 게 워낙 그림에 관심이 없는 사람도 자연히 그림과 친해지게 만든다. 가는 곳마다 예술가의 성지가 있고 그들의 작품을 전시한 미술관이 있다. 여행하는 내내 거의 매일 진품의 명화를 감상하였고 진품이 아니라고 해도 호텔이나 관공서 또는 성당에 장식된 그림들만 바라보아도 가슴이 벅찰 때가 있었다. 더구나 이곳에 오기 전 앙티브의 그리말디 성에 있는 피카소 미술관에서 그의 작품을 눈이 무르게 감상하였으므로 빔으로 쏘아서 보는 그림은 별다른 감흥이 없을 줄 알았다. 다만 여기까지 왔으니 채석장의 내부나 한번 들어가 보자는 마음으로 입장권을 끊었다.

채석장 안은 생각보다 넓고 높았다. 동굴 안처럼 컴컴한 채석장은 바깥 기온보다 훨씬 차갑고 습도도 높다. 떡을 썰어 내듯 잘라낸 돌자국이 마치 일부러 조각해 놓은 것처럼 보이고 돌을 채집하고 생긴 넓은 공간은 처음부터 작품 전시실로 계획하고 만든 건물처럼 예술적으로 보이기까지 했다. 이윽고 이곳저곳 벽에서 불빛과 함께 피카소의 작품이 나타난다.

천장과 바닥, 벽의 돌출 부위에 따라 같은 그림이라도 다르게 보이는 그림들, 빛과 그림 거기에 음악까지 합쳐진 예술의 대향연이 펼쳐지고 있다. 색다른 감동이다.

미술관에 소장된 피카소의 작품들이 오늘 이곳에서 마음껏 외출을 즐기는 듯하였다. 벙커라는 특이한 장소에서 음악과 함께 그림을 감상하는 것은 나에게도 특별한 경험이다.

채석장의 벽과 천장을 향해 쏘는 빔프로젝터의 불빛에서 나타나는 그림들은 그렇지 않아도 추상적인 피카소의 그림을 더욱 신비스럽게 채색하고 있었으며 벽의 울퉁불퉁한 질감이 그림에 입체감을 주어서 마치 그림 속 인물들이 살아있는 듯이 보인다. 문득, 빛이 흔들리는 하얀 석회암 벽에서 오래전의 추억 하나가 함께 흔들거렸다.

무더운 여름, 더위가 살포시 숨죽인 초저녁이면 우리 읍내 사람들은 이른 저녁을 먹고 모두 동네 가운데에 있는 학교 운동장으로 모였다. 하얀 모시 등걸을 입은 어른들은 손에 부채와 자신들이 깔고 앉을 신문지를 한 장씩 들고 있었다.

이날 밤. 동네에서는 일 년에 한 번, 초등학교 운동장에 스크린 막을 설치하고 영사기를 돌려서 마을 사람들에게 무료 영화를 보여주는 행사를 했다. 아이들은 운동장 맨 앞자리 땅바닥에 자리 잡고 앉았다. 가끔은 함께 따라온 누렁이도 같이 앉아 있고는 하였다.

하얀 광목 스크린이 바람에 흔들리면 영화 속 주인공도 함께 흔들리고 주인공 얼굴에 영사기 불빛을 쫓아 날아다니는 하루살이의 그림자가 얼룩이 져도 중간에 필름이 끊기지만 않으면 다행이었다.

어둠이 내린 초등학교 운동장에서 펄럭이는 광목 스크린 속으로 빠져들었던 어린 시절의 나와 이곳 빛의 채석장에서 피카소의 작품을 감상하는 지금의 내 모습이 중첩된다.

레이저 불빛과 함께 피카소의 그림이 사라지고 채석장의 닫혀 있던 벙커의 문이 열리면서 또 다른 시간이 후끈 밀려왔다.

누가 생각이나 했겠는가 이 먼 프랑스의 시골 마을에서 내 어린 시절도 꽤 낭만적이었다는 걸 알게 될 줄을.

한 마리 오리처럼
퐁 텐느 보퀼리즈

　프로방스에서 오월을 보내고 유월을 맞았다. 양귀비가 지천으로 피어있는 들판 위로 하늘은 구름 한 점 없이 푸르다. 하늘과 땅의 색깔이 마치 태극의 문양과도 같이 빨강과 파랑의 보색으로 극렬하게 대비되고 있다.

　오늘 퐁텐느 보퀼리즈 마을을 마지막으로 우리는 스페인으로 건너갈 계획이다. 마을 입구 주차장에서 내려 마을로 들어가는 순간 나는 동화책 속으로 걸어가는 듯한 착각을 했다. 말도 안 된다. 이렇게 아름다운 경치를 두고 떠나야 한다니….

　물레방아의 철커덕거리는 소리, 시냇물 흐르는 소리, 짙은 녹음과 꽃들 그리고 초록 물풀과 호수 위를 둥둥둥 떠다니는 오리들, 도대체 뭐냐? 너라는 곳은, 나를 홀릴 준비가 이미 되어있었구나. 숲속 마을은 아름답다는 말이 무의미하게 들린다. 그냥 천천히 젖어 든다는 말이 맞는다.

어렸을 적에 나는 빨래를 하러 가는 어머니를 따라서 시냇가를 가곤 하였다. 맑은 물이 흐르는 돌바닥에 하얀 이불 홑청을 펼쳐놓고 빨래를 하는 어머니 곁에서 물장난을 치며 노는 게 즐거웠다.

산속 마을 퐁 텐느 보퀄리즈에서 계곡물을 보았을 때 나는 빨래가 하고 싶어졌다. 어머니처럼 하얀 이불 홑청을 활짝 펴서 흐르는 물에 헹구어 내고 싶었다.

'퐁텐느'는 프랑스어로 '샘'이라는 뜻이다. 샘물이 솟아나는 마을, 이름만으로도 싱그럽다. 계곡 상류에 있는 샘에는 물의 정령이 살고 있어서 맑은 샘물을 쉼 없이 퍼내고 있지만 아직까지 누구도 샘의 비밀을 알아내지 못했다고 한다. 현대의 측정 장비로는 그 깊이를 알 수 없는 프랑스 최고의 샘, 신비한 '비밀의 샘'을 찾아 산길을 오른다.

나무들의 잎사귀가 축축하게 젖은 숲, 그 옆 계곡에서 흐르는 물은 제법 성깔이 있다. 부서지고 내려치면서 구르기도 한다. 하지만 호수에 닿으면 이내 순해져서 맑고 고운 속내를 그대로 드러낸다. 호수에는 초록 물풀이 가득하였다.

이른 아침부터 서둘러 온 보람이 있다. 아침의 숲은 청명하였다. 나무들이 내뿜는 푸른 향기가 계곡에서 뿜어져 나오는 적당한 습기와 함께 몸에 스며들어 정신이 맑아진다.

계곡 옆에 있는 공터에 허름한 카페가 보인다. 이끼 낀 나뭇가지가 하늘을 가리고 숭숭 뚫린 나뭇잎 사이로 동그란 햇빛이 동그란 탁자 위에 동그란 무늬를 만들어 내고 있다. 미러볼 불빛 같은 햇빛이 호객을 한다.

비밀의 샘을 찾아가기 전에 이곳에서 마시는 커피 한잔에 마음마저 달콤해진다. 하기야 이렇게 아름다운 자연 속에서는 계곡물에 꽃잎만 띄어도 향기로운 차가 될 것 같다.

산길을 타고 용감하게 올라갔다. 도대체 이 물줄기의 끝에는 무엇이 있을까? 샘의 정령이 살고 있는 신비한 샘이 과연 있기는 한 걸까? 산길이 사라지고 거짓말처럼 절벽 아래에 깊고 푸른 샘물이 보였다. 샘은 감춰두지 않고 그냥 펼쳐져 있는 게 오히려 더 신비로웠다. 울타리도 없고 방어벽도 없다. 커다란 바위벽 아래 웅덩이에서 솟아나는 샘물의 검푸른 물빛만으로도 무한한 샘의 깊이를 느낄 수 있었다.

샘물은 계곡이 되어 흘러내리고 강으로 떠나기 전 이곳 산마을사람들 곁에 잠시 머무르며 함께 어울린다. 물레방아를 돌리고 초록 물풀의 둥지를 쓰다듬으며 오리들과 즐거운 시간을 보내기도 한다. 이 물은 옆 동네인 닐 쉬르 소르그를 거쳐 프로방스의 강물인 소르그 강의 물줄기가 된다고 한다. 호수 위에 오리들이 한가롭게 헤엄을 치고 있다.

"오리야 오늘은 네가 참 부럽구나"

샘물을 따라 나도 이웃 마을로 흘러가고 싶다.

아비뇽의 저녁 종소리

　여행 후의 일상은 가끔 툭툭 떠오르는 어떤 생각으로 감상에 젖는 시간이 많아졌다. 내 방 창문으로 비치는 아침 햇살을 바라보다가 매일 아침 닫아 둔 덧창문 사이로 비집고 들어오는 빗살무늬 햇살을 생각하고, 여행 중에 사 온 비누 향기 속에서 게스트하우스의 깨진 욕조 타일이 문득 생각났다.
　언제나 일요일 정오가 되면 우리 동네 성당에서는 종이 울렸다. 오늘 그 종소리는 노곤한 잠처럼 나를 빠져들게 하였다.

　꿈을 꾼 듯 아련하기만 한 프로방스의 풍경들, 언덕 꼭대기의 낡은 고성과 양귀비가 핀 들판, 물오리들이 떠 놀던 퐁텐느 보퀼리즈 마을 앞 호수의 맑은 물, 미칠 만큼 화가 나서 '여행을 포기할까?'라는 생각까지 했던 살롱 드 프로방스의 황망한 기차역이 그리워지는 건 왜일까, 나를 이끈 종소리는 중세의 도시 아비뇽에 닻을 내려놓았다.

처음 종소리가 들린 것은 오를로주 광장 근처 골목길에서였다. 광장 앞 노천 레스토랑에서 저녁 식사를 마치고 천천히 산책하며 골목길로 접어들었을 때 맑고 투명한 종소리가 들렸다. 무엇인가에 이끌리듯 발을 멈추고 소리의 근원을 찾아보았다. 근처에는 생디디에 성당이 있었다. 성당의 뾰족한 화강암 종탑에서 청동 종이 움직인다.

이끌린다…라는 말의 뜻을 알지만 실제로 경험한 것은 처음이다. 주변이 조용하다, 내가 원하는 소리만 들린다, 움직일 수가 없다, 이 끌림에 대하는 나의 행동과 마음의 변화다.

지금껏 이렇게 아름다운 연주는 들어 본 적이 없었다. 고즈넉한 중세의 마을, 저녁 하늘에서 들려오는 종소리는 사춘기를 겪지 않은 어린 소년의 청량한 노랫소리와도 같았다.

종은 한 개의 커다란 종과 주변의 작은 종들이 함께 울렸다. 크게 울리는 종소리 뒤에 이어지는 작은 종소리… 본캐인 큰 종소리는 똑같은 속도와 똑같은 음으로 종을 울리고 부캐인 작은 종소리는 호수 위의 여울처럼 물결을 만들어 내고 있다. 화선지에 꽃물이 번지듯 조용한 마을이 청량하고 아름다운 소리에 서서히 스며들고 있었다.

마지막 종소리가 높은 교황청의 담장을 넘어 멀리멀리 사라질 때까지 현실에서 잠시 멀어져 있었던 것 같았다. 나는 그제야 발을 떼었다. 종소리가 떠나고 나자 사방에는 어둠이 내리고 골목길엔 하나둘 불이 밝혀졌다.

사찰에서 울리는 범종 소리는 지옥에 있는 중생들을 구원하기 위해서 울리는 종소리라고 한다. 아비뇽의 골목에서 들은 종소리는 외로운 여행자를 위한 종소리였다. 매일이 새로운 날인 여행지에서 어쩔 수 없이 불안감을 동반해야 하는 여행자에게 성당의 저녁 종소리는 마음을 평안하게 해 주는 누군가의 목소리처럼 들렸다.

오늘 하루도 수고했다고, 내일 또한 별일 없을 것이라고…. 사랑에 빠지면 곁에 있어도 보고 싶은 것처럼 여행하면서 더욱 여행이 좋았던 것은 이처럼 사소한 것에서 커다란 위안을 얻기 때문이다.

소리에 관하여 연구한 학자들은 인간의 오감 중 가장 나중에 사라지는 것이 청각이라고 한다. 제일 늦게 사라지는 것뿐만 아니라 가장 먼저 생각나는 것도 소리가 아닐까.

여행을 다녀온 후 가끔 감상에 젖어 있을 때가 있다. 오늘처럼 늘 들었던 성당의 종소리가 그런 것처럼 내 마음을 움직이는 소리들이 있다.

니스의 바닷가에서 자갈이 파도에 부딪혀서 내는 소리와 엑상프로방스의 분수에서 떨어지는 다양한 물방울 소리, 그리고 아비뇽의 중세골목에서 들었던 저녁 종소리….

소리는 움직인다, 멀리 갈 수가 있다, 나는 요즘 그 소리를 듣는다. 발이 묶여 내가 갈 수 없으니 소리가 나를 찾아온 것이다.

이번 여행에서 얻은 것은 너를 잃은 것이다

니스의 민박집에 있는 일주일 동안에 어느덧 나는 한곳에서 가장 오래 머문 여행자가 되었다. 한국인이 운영하는 민박집에서는 손님들 역시 모두 한국에서 온 여행자들이었다. 이곳에 있는 동안은 누구나 한솥밥을 먹는 식구가 된다.

아침이면 정해진 시간에 식탁에 둘러앉아 함께 식사하며 자신들이 다녀온 곳의 이야기를 하기도 하고 여행 중에 겪은 에피소드를 들려주기도 한다.

민박집의 아침 식사시간은 정보 교환장소이기도 했다. 새로운 여행지의 루트를 알려주기도 하고 주변 맛집과 공연장소, 축제에 관한 정보 등 굵직한 소식이 있는 반면 어느 곳은 가봤더니 별거 없더라, 같은 물건인데도 어디가 더 저렴하더라는 깨알 같은 정보들도 쓸만하다, 하지만 대화가 끊기거나 서먹한 공기가 흐를 때도 있다. 이럴 땐 대부분 민박집에 가장 오래 머문 사람이 대화를 이끈다.

여행 기간은 얼마나 되는지 이곳에 오기 전에 들른 곳은 어디인지 며칠 동안 있을 예정인지를 묻는다. 그러다가 이야기가 무르익으면 직업과 나이 등 개인 신상까지 서로 알게 된다. 여행지가 아니라면 할 수 없는 말도 이곳에서는 스스럼없이 하게 된다. 나이 성별 직업을 개의치 않고 모두 허심탄회하게 자신을 드러내는 것은 이곳은 누구에게나 낯선 곳이고 시간이 지나면 각자의 길로 떠나야 하는 나그네가 되기 때문이다. 어떤 사연이든 홀홀 털고 나서 떠나면 그만이다.

오늘 아침 식탁에는 한 명의 여행객이 새로 왔다. 스물한 살, 앳된 여학생이다. 민박집에서 가장 어린 친구다. 학교를 휴학하고 여행을 시작했는데 출발할 때는 친구와 둘이었지만 여행 도중 서로 의견이 맞지 않아 다투다가 친구는 중간에 귀국해버리고 지금은 혼자서 여행을 하고 있다고 한다.

대부분 하루나 이틀 정도 있다가 떠나는 여행객이지만 아침 밥상머리에서는 그들의 고민과 취향 앞으로의 진로까지 다 털어놓게 된다. 이 친구는 자신의 고민을 스스럼없이 털어놓았다.

오늘 하루 종일 집에만 있었다는 여학생이 밤에 거실에서 혼자 와인을 마시고 있는 모습이 무척 외로워 보였다.

여행하다 보면 참 많은 일을 겪는다. 그중의 하나가 일행과 의견이 맞지 않아 마음이 상하는 일이다. 나도 여행 중간에 남편과 의견 충돌이 있었지만 참으며 속앓이하기보다 싸우면서 뱉은 말들로 상대방의 생각을 더 많이 알게 되면서 이후로는 크게 마음 상하지 않고 지낼 수 있게 되었다.

민박집 사장님은 지금껏 자신의 집에 머문 여행자 중에 우리가 가장 나이가 많은 손님이라고 했다. 젊은 여행객들도 이곳에서 자신의 부모님과 같은 연배의 어른을 만나리라고는 생각하지 못했을 것이다. 아직 우리나라 어른들은 자유여행을 두려워하고 혹시 자유여행을 한다고 해도 호텔에 묵는 것을 더 선호하는 것 같다. '꽃보다 할배'가 이서진을 따라다니지 않고 우리처럼 몸으로 부딪치는 여행을 했더라면 우리 부부 같은 여행객이 많아졌을지도 모른다.

나는 가지고 온 김치와 골뱅이로 안주를 만들어 술자리를 준비했다. 주인장은 냉장고에서 과일을 꺼내고 뒤늦게 귀가한 또 다른 여행객은 맥주를 가져왔다. 근사한 만찬상이 차려졌다.

처음엔 친구와 헤어지고 속상해하는 막내 여행객의 마음을 풀어 주기 위한 자리였는데 시간이 지나면서 내일 이곳을 떠나 마르세이유로 가는 우리 부부를 위한 이별 파티가 되고 있다. 몇 번의 술잔이 오가면서 나를 부르는 '어머니'라는 호칭이 편안하게 들렸다.

막내는 아직도 우울하다. 헤어진 친구와는 초등학교 때부터 만난 사이였고 휴학을 하고 있는 지금 함께 여행하면서 더 돈독한 관계를 맺으려고 하였는데 헤어지게 되었으니 뭔가 인생에서 크게 잃었다고 생각하고 있었다. 앞으로 계속 상처를 안고 살아갈 젊은이에게 도움이 되어 줄 말을 해 주고 싶었다.

여행은 인간을 성장시키는 유익한 활동이다. 체험을 통해 자신을 변화시킬 수 있는 최고의 학습이기도 하다. 눈으로 보고 즐기는 것 외에 문화와 환경이 다른 낯선 곳에서 자신을 바라보게 된다. 복잡하게 얽힌 관계를 훌훌 털고 가장 편하고 자연스러운 내가 된다. 그래서 여행 중에는 서로의 모습을 더 빨리 자세히 알게 되는 것 같다.

어쩌면 이 친구도 그동안 알고 있었던 모습과 다른 친구의 모습을 보게 됐는지 모른다. 나이가 많다는 것은 경험이 많다는 것이다. 나라고 왜 그런 상처가 없었겠는가, 이곳에 오기 바로 몇 개월 전 나도 비슷한 일을 겪었다.

10여 년의 우정을 쌓았던 친구 부부와 함께 캐나다로 여행을 다녀왔다. 그런데 무슨 까닭인지 여행을 다녀온 뒤 한 사람이 갑자기 단체 카톡방에서 나가버렸다. 대화하려고 노력했지만, 이유도 모른 채 시간이 흘렀다. 세 부부가 함께 간 패키지여행이었기 때문에 서로 의견이 부딪힐 일도 없었다.
그동안 쌓은 우정을 하루아침에 물거품을 만들 만큼 마음을 다칠 일이 도대체 뭘까? 적어도 그 이유는 알려줘야 했다. 뒤통수를 맞는 기분이었다.
한참 후 길에서 우연히 그를 만났다. 대화를 하고 싶었다. 그는 냉정하게 거절했다.

"그래서 어떻게 됐어요?"

막내 여행객은 자신과 비슷한 나의 경험을 통해 결론을 알고 싶은 것이다.
누구나 자신의 감정을 표현할 수 있다. 하지만 상대가 오랜 시간을 함께 보낸 친구라면 쉽사리 혼자서 결정을 내리고 관계를 무산시키는 행동을 해서는 안 된다. 함께 지낸 세월을 무시하고 즉흥적인 감정으로 친구를 외면하는 사람은 지금이 아닌 언제라도 네 곁을 떠날 것이다. 그는 단지 친구를 유희의 짝으로 알았을 뿐 진정한 벗으로 여기지 않았기 때문이다.

비 온 뒤 땅이 굳는다고? 굳은 땅에서는 싹이 자라지 않는다. 금이 간 항아리는 붙인다고 새것이 될 수 없다. 나의 지론은 그렇다.

내 시대의 어른들이었다면 이럴 때 친구와 화해하고 사이좋게 지내라고 무조건적인 항복을 요구했을 것이다. 그러나 나는 그러고 싶지 않았다. 세상은 넓고 친구는 많다.

'만나고 헤어지는 것이 만나지 않은 것보다 낫다.' 철학자 파울로의 이별 철학이다. 헤어지는 것도 어쩌면 삶을 극복할 수 있는 용기를 갖게 하는 인생 수업일 수 있다는 말이다. 헤어짐을 두려워하고 있는 어린 친구에게 나는 용기를 주고 싶었다.

수많은 날을 여행을 위해 함께 머리를 모으고 계획을 세웠을 친구, 낯선 나라를 여행 중에 서로 의견이 달랐고 충돌로 이어졌다. 여기까지는 누구나 겪을 수 있는 일이다. 하지만 여행지에 친구를 혼자 두고 귀국해버리는 사람은 이미 관계를 상실하였다. 그런 친구는 지금이 아니라도 어쩌면 나처럼 나이가 들 때까지 친구라는 이름으로 네 곁을 서성이며 너를 신경 쓰이게 할 것이다.

"이번 여행에서 얻은 것은 친구를 잃은 것이야."

나는 경험이 없었다면 내리지 못했을 극한 조언을 어린 친구에게 해 주었다. 막내 여행객의 얼굴이 처음으로 활짝 피었다.

겉바속촉 한 나의 천사들

여행은 혼자 떠나지만, 결코 혼자가 아니었다. 여행 중에 우리 부부는 수많은 사람의 도움을 받았다. 프랑스 사람들은 겉은 바삭하고 속은 촉촉한 크루아상 같은 사람들이었다. 누군가 힘들어하면 길 위의 천사들은 무뚝뚝하게 다가와서 상냥하게 도와주고 아무렇지 않게 돌아서 갔다. 이처럼 겉바속촉 한 천사들이 없었다면 나의 여행은 아마 고난의 행군이 되었을 것이다.

파리의 연인

여행하다 보면 가장 쉬운 것이 가장 어렵다. 지하철 티켓을 사는 일부터 내가 가야 할 노선을 정확히 알고 타는 일이 모두 어렵다. 하긴 서울에서도 처음 가 보는 역에서는 헤매기 일쑤인데 파리처럼 큰 도시에서 지하철을 타기가 쉬울 리 없다. 더구나 역무원 대신 기계만

덩그러니 놓여있는 전철역에서는 기계를 상대로 표를 구하기조차 쉽지 않았다.

까르네 한 묶음을 사기도 쉽지 않았고 우리가 타야 할 지하철을 타는 데도 누군가의 도움을 받아야만 했다. 파리에 온 지 이틀째, 퐁피두 센터의 현대 미술관에서 관람을 마치고 집으로 돌아오는 길이었다. 왔던 길을 되짚어가기만 하면 되는 줄 알았는데 내리고 보니 엉뚱한 곳이었다.

파리의 지하철은 도시의 구석구석까지 거미줄처럼 엉켜 있다. 그래서 편리하고 그래서 불편하다.

파리의 지하철 노선은 모두 16개 노선으로 이어져 있다. 지금처럼 한 번 잘못 타면 멘붕이 오고 만다. 티켓팅을 하고 에투알 역을 찾아 나섰지만, 우리가 타야 할 지하철 노선은 찾을 수가 없었다.

그때였다. 천사가 다가왔다. 연인처럼 보이는 두 사람은 나와 남편을 이끌고 한참을 걸었다. 개찰구를 잘못 선택하였던지 밖으로 나갔다가 다시 출구를 찾아서 돌아오기를 하면서도 두 사람은 내 걸음에 맞춰 천천히 걸으며 친절하게 안내해 주었다. 정신이 없는 나는 지금도 그 역이 어디였는지 기억나지 않는다. 한참을 걸어 우리가 타야 할 노선의 지하철역까지 바래다주고 홀연히 떠나는 두 사람에게 내가 할 수 있는 건 "메르시 보꾸" 밖에 없었다.

여행을 마치고 집으로 돌아왔을 때 월드컵 축구가 한참 열기를 띠고 있었다. 나는 프랑스 팀을 열심히 응원했다. 이유는 단 하나, 나를 도와준 파리의 젊은 연인도 어디선가 '프랑스 화이팅'을 외치며 열광하고 있을 것이기 때문이었다.

닐 쉬르 라 소르그의 모녀

유럽의 3대 벼룩시장 중의 하나인 닐 쉬르 라 소르그 벼룩시장은 매주 일요일에 열린다. 나는 이곳을 가기 위해 여행 전에 미리 날짜를 맞춰 계획을 세웠다. 하지만 프랑스의 휴일은 여행자들의 계획 따위는 신경 쓰지 않는다.

아침 일찍 숙소를 나섰지만, 역무원은 출근도 하지 않았고 시골 역의 대합실 역시 문이 닫혀 있다. 황량한 역사 앞에서 기다리는 손님은 우리뿐이다. 참 한적한 시골 역이다. 아직 티켓도 끊지 못하고 하염없이 대합실 문이 열리기만 기다리고 있는데 저쪽에서 일가족인 듯한 사람들이 걸어오고 있었다. 시장 가방이 눈에 확 띈다. 한눈에 알아본 나의 천사들이다.

중년의 딸과 엄마 그리고 초등학생인 손자는 닐 쉬르 라 소르그 벼룩시장으로 장을 보러 간다고 한다. 일행이 생기다니…, 마음속에 종소리가 울린다. 손자는 로봇을 살 것이라며 들떠 있고 딸과 엄마는 치즈와 오일 등 식료품을 산다고 한다. 역무원이 나타나기만 눈이 빠지게 기다리고 있었는데 일요일에는 역무원도 출근하지 않고 티켓은 철로 옆에 있는 자동 기계가 대신해 준다는 걸 그때서야 알았다. 우리는 함께 육교를 건너 반대편에서 기차를 탔다. 눈앞에 빤히 보이는 기찻길이지만 사실 우리는 어느 방향에서 기차를 타야 하는지도 모르고 있었다.

우리가 한국에서 온 여행자라고 말하자 "나 혜진 좋아해"라며 갑자기 소년이 노래를 흥얼거리기 시작했다. 눈치로 보아 걸그룹 중의 한 명의 이름 같은데 나는 처음 들어 보는 이름과 노래였다. 폰을 열어 살짝 커닝을 해보니 혜진은 걸그룹 '포텐'의 멤버 중 막내라고 한다. 처음 들어 보는 아이돌 그룹의 이름이다.

"나도 포텐 좋아해"라며 아는 척했더니 소년이 반색을 한다. 진심으로 기뻐하는 모습을 보면서 조금 미안한 생각이 들었다.

우리는 오래전부터 알았던 사이처럼 마주 보고 앉아 이야기하며 기차 여행을 했다. 소년의 엄마는 그곳까지 가는 동안 살롱 드 프로방스에 대한 정보를 알려 주었다. 이곳에서 가까운 앙페라 성을 추천해 주었고 시간이 있으면 비누 공장을 견학해 보라고도 했다. 주로 노스트라 다무스에 대한 이야기를 하였는데 영어를 전혀 못 하는 모녀와 통역기를 이용한 대화였지만 여자들의 수다는 국적 불문, 끝없이 이어졌다.

기차역에서 내려 벼룩시장으로 들어가면서 돌아갈 오후 기차 시간까지 친절하게 알려주고 떠난 나의 천사들, 내가 혜진의 팬이었다는 건 거짓말이었지만 서울에 한번 놀러 오라는 말은 진심이었어.

탁월한 능력자 엑셀

프랑스 사람들은 휴일을 가장 철저하게 지키는 것 같다. 토요일에 이어 자신들의 국경일이었던 월요일까지 벌써 사흘째 거리가 조용하다. 휴일에는 시내버스까지 운행을 중단하는 이곳은 자신의 차가 없으면 꼼짝달싹할 수가 없다.

살롱 드 프로방스는 워낙 시골 마을이었고 우리가 정한 호텔은 시내에서도 멀리 떨어진 한적한 곳이다. 우리 계획이 틀어지지만 않았으면 마르세이유에서 랜트한 승용차를 타고 이곳에 왔을 것이다. 주차장이 넓은 호텔을 정해 놓고도 차를 빌리지 못한 낭패가 새록새록 생각나는 것은 하필 도착한 날이 토요일이었고 이곳에서 사흘을 지내는 동안 우리의 발은 꼼짝없이 묶여 있어야만 하기 때문이다.

주차장도 넓고 수영장도 넓지만 주차할 차도 없을뿐더러 수영을 하기엔 아직 오월의 날씨가 이르다. 호텔에서 10분 정도 차를 타고 기차역으로 가야지만 가까운 도시로 나갈 수 있다. 호텔 지배원인 엑셀에게 도움을 청했다.

귀여움과 우락부락함을 동시에 갖춘 엑셀은 유쾌하게 우리의 부탁을 들어주었다. 호텔 자동차가 아닌 자신의 차로 기차역까지 데려다 주고 이웃 도시를 여행하고 역에 내리면 도착 시간에 맞춰 역 앞에서 기다리고 있었다. 그날 이후 이곳에 있었던 사흘 동안 엑셀은 꾸준히 우리 부부를 도와주었다.

이곳을 떠나 아비뇽으로 가는 날은 하루씩 교대로 업무를 보는 엑셀이 쉬는 날이었다. 프랑스 사람들이 법보다 잘 지키는 휴일인데도 불구하고 엑셀은 달려와 주었다.

살롱 드 프로방스는 노스트라다무스가 살았고 그의 무덤이 있는 곳이다. 시내에는 노스트라 다무스의 기념관과 그의 동상이 있다. 하지만 나는 살롱 드 프로방스가 낳은 인물 노스트라다무스보다 탁월한 나의 능력자 엑셀의 이름을 더 오랫동안 기억할 것이다.

론 강 위의 하얀 천사

아비뇽의 생 베네제교를 가장 좋은 위치에서 바라보려면 론 강에서 유람선을 타고 강 건너에 있는 산책로를 가야 한다. 우리가 유람선을 탈 때만 해도 하늘엔 구름만 몇 점 있었을 뿐 비가 올 것이라고는 생각 못했다.

유람선에서 내려 얼마 있지 않아 갑자기 시야가 흐려지면서 소나기가 내려꽂히기 시작했다. 주변엔 비를 피할 곳이 전혀 없는 허허벌판이었다. 우산은 물론 이날은 양산조차 준비하지 않았다. 급한 대로 커다란 나무 아래에서 비를 피했지만 이미 몸은 홀딱 젖어버렸다.

우리를 내려 주고 떠난 유람선이 강변 저쪽에서 손님을 싣고 다시 이쪽으로 와야지만 강을 건너갈 수 있다. 하지만 비를 맞으며 이곳으로 올 관광객이 있을 리가 없다. 하염없이 애꿎은 강물만 바라보고 있는데,

미라클~

강 저편에서 하얀 유람선이 우리 쪽을 향해 오고 있다. 점점 크게 또렷이 보이는 하얀 유람선, 천사들은 원래 하얀색 옷을 입고 있었던 게 맞는 것 같다.

꽁지머리를 한 선장님은 산책로에 내려 준 관광객이 걱정되어 빈 유람선을 끌고 이곳으로 온 것이다. 유람선을 탄 사람은 우리밖에 없었다.

승선은 했지만, 천장이 뚫려있다시피 한 유람선의 객실도 비를 맞기는 마찬가지였다. 선장은 자신이 운전하는 선실로 우리를 안내했다. 그리고 비가 그칠 때까지 그곳에서 쉴 수 있도록 배려해 주었다. 비 오는 날, 유람선에서 바라보는 생 베네제교는 또 다른 모습의 경치였다.

선장님은 자신이 취미로 만들고 있는 작은 조각품들을 내 손바닥에 얹어 주며 자랑을 했다. 참 정교한 솜씨였다.
우리 집엔 그날 선물로 받은 작은 목각 오리 한 마리가 소중하게 장식되어 있다. 천사가 다녀간 흔적이다.

은발의 프랑스 할머니

비 오는 날, 우연히 만난 친구와 중세의 정원에서 샹송을 부르며 산책을 하는 일은 영화나 드라마에서나 있을 법한 일이다. 드라마의 주인공은 아무나 되는 게 아니다. 그런데 나는 오늘 내 인생에서 가장 아름다운 드라마의 주인공이 되는 행운을 얻었다.
비가 조금 멎은 듯하여 론강의 유람선에서 내려 구 도시 성곽으로 마구 뛰어갔지만, 중간에서 또다시 장대비와 마주쳤다. 아비뇽 교황청을 오르는 층계에서 떨어지는 물줄기가 폭포처럼 변하고 정원의 잔디가 물에 잠겨 호수가 되었다.
남 프랑스의 구 도시들이 대부분 산꼭대기에 형성된 것은 적의 침략을 막기 위한 것인 줄만 알았는데 지금 쏟아지는 물줄기를 보면서 아마 침수를 막기 위한 것도 아니었나 하는 생각을 해본다. 그때였다. 젖은 머리 위로 누군가 노란 우산을 받쳐 주었다.

나의 천사는 은발의 멋쟁이 할머니였다. 할머니와는 금방 친구가 되었다. 할머니가 되면 모두 비슷해지는가 보다. 덩치 큰 외모와 흰머리 특히 나를 바라보며 웃는 미소가 나의 외할머니를 닮았다. 실은 외국인의 나이는 겉모습으로 가늠할 수 없어서 서로 통성명을 해보면 어쩌면 나와 연배가 같을 수도 있다.

어쨌거나 좁은 우산 안에서 우린 서로 체온을 나누며 팔짱을 끼고 언덕을 내려왔다. 정적을 깨려는 듯 멋쟁이 할머니가 콧노래를 불렀다. 가사는 잘 생각나지 않지만 리듬만은 나도 익히 알고 있는 샹송 '사랑의 찬가'이다.

할머니가 부르는 노래를 따라 부르면서 곧장 이중창이 되었다. 비 오는 날 프랑스 할머니와 함께 노래를 부르며 중세의 길을 걸어 보는 일이 평생에 한 번이나 있을까?.

마침 기차가 지나가자 할머니가 "딩댕 동댕 딩댕" 하며 기차 소리를 흉내 냈다. 나는 우리나라의 기차 소리를 흉내 냈다. "칙칙폭폭" "칙칙폭폭…" 우리의 놀이는 각자 자신의 나라말로 의성어를 흉내 내면서 시작되었다.

"멍멍" "와프 와프," "야옹야옹" "미야 우" "개굴개굴" "코아 코아" "꼬꼬댁" "꼬코리코…."

프랑스와 한국의 강아지와 개구리, 고양이, 닭과 새들이 아비뇽 교황청의 비 오는 언덕에서 즐겁게 어우러졌다. 언어는 달라도 우리의 웃음소리는 똑같았다.

비가 그치고 헤어지면서 우리는 프랑스식 비쥬로 인사를 했다. 키가 큰 나의 은발의 천사는 작은 내 키에 맞춰 한참을 허리를 굽히고 있었다.

오늘은 나도 천사

아비뇽에서 아를로 가기 위해 역으로 나갔다. 오늘도 기차는 파업 중이어서 대신 이곳 역에서 마련해 준 버스를 타고 가야 한다. 버스를 타려면 역 앞에 있는 정류장에서 기다려야 하는데 버스마저 감감무소식이다.

대합실 안에서 우리 또래의 외국인 부부가 초조하게 기차를 기다리는 모습을 보았다. 아마 기차가 파업이 된 줄 모르고 마냥 기다리는 여행객처럼 보인다.

코리안 타임이란 말은 이제 옛말이다. 제시간에 도착하고 출발하는 우리나라의 정확한 배차 시간에 길들여진 우리는 기차가 늦자 바로 역장에게 확인해서 차후 대책을 알았지만 무슨 일이든 성급하게 서둘지 않고 여유로운 이들은 마냥 오지 않는 기차만 기다리고만 있었다.

나는 이곳에 오기 전 살롱 드 프로방스의 기차역 앞에서 망연자실하고 있었던 우리 모습이 떠올랐다. 그리고 우리를 도와주었던 프랑스 청년의 도움을 생각했다. 남편은 그들에게 다가가서 오늘은 기차가 파업이며 우리도 아를로 갈 것이니 함께 가자고 하였다.

영국에서 학생을 가르치는 선생님이었고 정년퇴임을 한 기념으로 아내와 함께 여행을 왔다는 이 부부는 우연히도 우리와 직업과 여행 동기가 비슷하다. 아를로 가는 버스 안에서 그들 부부는 우리가 어느 쪽 한국인지에 대해 물어 보았다. '싸우스 코리아'라고 하자 "오빠는 강남 스타일"을 부를 줄 안다면서 말 춤을 추는 흉내를 냈다.

아를로 가는 버스마저 결행되고 대신 님Nimes으로 가는 버스를 타고 중간에서 다시 시내버스로 갈아타야 하는 힘겨운 여정을 하는 동안 영국인 부부는 우리 곁에서 떨어질 줄 모르고 함께 했다. 아를의 고성 앞에서 부부는 전에 내가 나의 천사들에게 했던 것처럼 "베리 땡큐"를 외치며 손을 흔들고 헤어졌다.
만약 오늘 만난 영국인 부부가 나처럼 여행일지를 쓰고 있다면 '오늘은 멀리 코리아에서 온 천사를 만났다'라고 쓰지 않았을까? 오늘은 우리도 누군가의 천사가 되어 준 날이다.

나의 천사는 공무원

"생 나자르 역에서 퐁투아즈까지 가는 교외 전철 RER을 타고 퐁투아즈에서 다시 크레이로 가는 전철로 갈아탄 뒤 오베르 쉬르 우아즈 역에서 내리세요."
파리의 호텔에서 일주일을 머무는 동안 호텔 지배인 알렉스는 매일 아침 우리의 노선을 체크해 주는 걸 게을리하지 않았다. 오늘은 파리 교외에 있는 작은 도시 오베르 쉬르 우아즈를 가기로 한 날이다.

사실 어제저녁까지만 해도 모네의 고향 집이 있는 지베르니와 고흐가 마지막에 살았던 오베르 쉬르 우아즈를 두고 갈등하였다.

알렉스는 우리의 갈등을 한 번에 결정해 주었다. 두 개의 키를 양손에 하나씩 쥐고 우리에게 선택하라고 했다. 내가 그의 한 손을 가르키자 그는 그게 오베르 쉬르 우아즈로 가는 키라고 했다. 프랑스식 유머였다.

파리에서 곧바로 가는 교통편이 없어서 노선이 조금 복잡했다. 고흐가 마지막에 살았던 동네 오베르 쉬르 우아즈를 찾아가는 길을 수학공식처럼 힘들게 외여야 했다. 오늘의 여행은 또 얼마나 파란만장할지….

택시를 타고 생나자르 역으로 왔다. 바로 어제, 오르세 박물관에서 클로드 모네가 그린 생 나자르 역의 증기기관차를 그림으로 보았다. 하얀 연기를 뿜으며 들어오는 증기만 없을 뿐 기차가 들어오고 나가는 모습은 그림 속 풍경과 똑같다.

파리 시내를 벗어난 기차는 북쪽을 향해 달리고 기차 안은 썰렁하다.

우리가 탄 객실엔 맨 앞에 혼자 앉아 있는 젊은 여인과 우리 부부뿐, 이곳이 어디쯤 인지 짐작할 수도 없어 막막하다. 나는 앞에 앉은 승객에게 다가갔다, 자칫하다 역을 지나치게 되면 큰 낭패다.

가까이에서 보니 아시아계 여성이다. 무턱대고 반가웠다. 인사는 내가 했지만 그다음부터는 남편 몫이다. 언제부터인지 우리의 소통은 그런 식으로 순서가 정해졌다.

"어디까지 가세요…?"
"오베르 쉬르 우아즈"

이럴수가, 우연히도 우리와 목적지가 같은 동행을 만나게 되었다.

"퐁투아즈는 멀었나요.?"
"아니 다음 역이에요"

행선지가 같은 그녀 덕분에 퐁투아즈에서 수월하게 크레이로 가는 열차를 갈아탈 수 있었다.
 이곳에서는 역 밖으로 나와 티켓을 다시 끊어야 했다. 우리 두 사람이 스스로 해결해야 했다면 많이 허둥댔을 것이다. 프랑스 사람이기는 해도 이 길이 초행이었던 나의 천사는 크레이 역에서 잠깐 헤매던 것을 계속 미안해했다.

크레이에서 오베르 쉬르 우아즈까지 가는 동안 우리는 일행처럼 서로 바라보는 좌석에 앉아서 대화를 나누었다.
 프랑스 대사관에서 일한다는 그는 일본계 프랑스인이었다. 우연히도 나와 그녀 엄마의 나이가 같았다. 오늘은 남편이 아이를 맡아보고 있으며 자신은 온전한 휴일을 즐기는 날이라고 한다.
 남편에게 아이까지 맡기고 혼자 온 여행인데 우리가 방해하는 건 아닐까? 그녀가 지금은 프랑스인이기는 하지만 남에게 피해 주기를 싫어하는 일본인이었다는 생각을 떨칠 수 없어 조심스럽게 물어봤지만, 오히려 즐거웠다고 한다.

마을 초입에 있는 고흐의 동상 앞에서 우리는 헤어졌다.

조용하고 작은 마을에서 이곳저곳 다니다 보면 어디선가 또 한 번 만날 수도 있을 것 같았다.

날씨가 우중충하다. 곧 비라도 내릴 것 같은 날씨지만 이런 날씨가 왠지 고흐를 만나기에는 더 좋을 것 같았다.

나는 거리의 옷 가게에서 두툼한 카디건을 하나 사서 입었다. 몸도 마음도 따뜻해졌다. 천사는 어디로 날아가 버렸는지 작은 마을에서 그 후론 다시 마주치지 않았다.

여행의 신은 오늘도 우리를 저버리지 않았다. 땡큐…!

부드러운 천사의 손길

여행을 무사히 마치고 이제 집으로 돌아가는 날, 여행의 날짜가 하루하루 지날수록 무거웠던 가방이 점점 비워지고 내 마음은 무언가로 가득 채워졌다. 바르셀로나의 엘 프라트 공항으로 향하기 전 마지막 점검, 여권과 지갑도 그대로이고 제일 중요한 우리의 건강에도 이상이 없다.

매일 아침 고혈압약을 먹는 남편과 고지혈증 약을 복용하는 나는 날짜가 지날수록 줄어드는 약 봉투를 대하는 마음이 달랐다. 남편은 아직도 약이 이 만큼이나 남아 있군, 이라며 긍정적인 말을 하였지만 나는 줄어드는 약만큼 하루하루 지나가는 게 아쉬웠다. 이제 약도 얼마 남지 않았구나, 서로 표현은 다르게 하였지만, 우리의 마음은 똑같이 여행의 하루가 지나가는 것을 아쉬워했다.

우리 두 사람의 팀워크도 그리 나쁜 편은 아니었다. 남편이 국내 면허증을 챙겨 오지 않아 그 여파로 한 차례 크게 싸울 뻔하였지만, 유난히 쓸쓸하고 고적했던 살롱 드 프로방스의 분위기가 남편 없이 나 혼자 여행할 수 있도록 내버려 두지 않았다. 오히려 그 뒤로 서로에 대한 소중함을 알게 되어서 여행 마지막 날까지 탈 없이 지낼 수 있었다.

여행을 떠나기 전 남편은 무릎에 통증을 느껴서 병원에서 물리치료를 받았다. 여행 중에 통증이 유발되면 어쩌나 하는 걱정이 있었지만, 다행히 여행의 마지막 날까지 잘 지내고 있다. 단 한 번 베르동 계곡에서 지면에 발이 붙어있지 않고 뛰는 역동적인 스냅사진 찍기를 시도하면서 조금 힘들어했지만, 그 후로 괜찮아졌다.

이제 비행기가 이륙하기만 하면 나는 집으로 간다. 여행의 가장 큰 기쁨 중 하나는 여행을 마치고 돌아갈 수 있는 집이 있다는 걸 느끼는 순간이라고 한다. 지금 나는 여행의 가장 큰 기쁨을 누리고 있다. 또 하나의 기쁨은 우리가 앉은 옆자리의 좌석이 아직도 비어 있다는 것이다. 장거리 비행 중의 한 가지 소망은 바로 옆자리가 비어서 여유롭게 타고 갈 수 있기를 바라 마음이다.

"죄송합니다"

훤칠하게 잘생긴 젊은이가 옆자리에 앉는다. 늦게까지 좌석의 주인이 오지 않자 나는 은근히 기대하고 있던 참이었다. 뒤늦게 제 자리를 찾아온 승객이 조금은 반갑지 않았다. 그동안 우리를 보호해 주던 여행의 신이 아직 자신의 임무를 끝내지 않았음을 그때까지 우리는 모르고 있었던 것이다.

옆자리의 손님은 바르셀로나에서 학회를 마치고 돌아가는 우리나라 유명 대학병원의 외과 의사였다. 우리가 긴 시간을 주로 걸으며 여행했다는 말을 하자 대뜸 발 건강에 대해 물었다. 남편이 여행 전 무릎이 아팠던 이야기를 하자 거침없이 남편의 발을 자기 무릎에 얹히고 손으로 진찰을 하기 시작하였다. 그렇게 오래 걸었는데도 족저근막염에 걸리지 않아서 다행이라며 무릎 관절을 눌러보며 상태를 진단해 주었다.

그의 손은 금 손이었다. 그의 손길이 무릎을 쓰다듬을 때 남편은 너무나 행복했다고 한다. 우리 여행의 마지막 천사는 그렇게 우리 곁을 다녀갔다. 천사의 손길이 닿았던 남편의 무릎은 그 후로 지금까지 탈 없이 건강하다.

아직은 인턴 천사입니다

40여 일간의 여행을 마치고 돌아온 우리에게 아이들은 '여행의 귀재'라는 호칭을 붙여 주었다. 젊은이들도 숱하게 당한다는 소매치기도 당하지 않았을뿐더러 아무런 사고 없이 건강하게 여행을 마치고 돌아온 엄마 아빠에 대한 찬사의 표현이다.

'여행의 귀재'라는 말은 당치않다. 아침에 일어나면 우리 부부는 서로를 바라보며 오늘은 어떤 일을 겪게 될까 궁금해하였고 무슨 일이 닥쳐도 파이팅을 하자고 의지를 굳혔다. 우리의 하루하루는 미라클 데이였다. 매일 경험해 보지도 못한 위기에 처했으며 그럴 때마다 어디선가 나타난 누군가가 문제를 해결해주고 홀연히 사라졌다. 마치 나의 천사들이 곳곳에 숨어서 세상을 향해 첫걸음을 뗀 우리의 여행에 도우미가 되어 주는 것 같았다.

프랑스에는 길 위에 천사들이 많았다. 휴일에 도착하여 교통상황이 좋지 않은 살롱 드 프로방스 역에서 택시를 잡지 못하고 있을 때 지나가던 시골 청년 천사는 자신이 알고 있는 사람들에게 전화해서 겨우 택시를 탈 수 있게 해 주었다. 그런가 하면 뒷자리에 아이까지 있는데도 불구하고 우리를 호텔까지 태워다 준 마음씨 좋은 아줌마도 잊을 수 없다. 롱샹 궁전의 박물관 앞에서 우리에게 "노인은 할인 돼요"라고 넌지시 일러 준 마르세이유의 노부부도 고맙다. 문 닫을 시간이 지났음에도 늦게 도착 한 우리를 위해 여유 있게 기다려 준 노트르담 드 라 가르드 성당의 문지기 아저씨의 미소도 잊을 수 없다. 파리 시내의 교통편과 지리를 아침마다 알려주었던 호텔 지배인 알렉스는 여행의 시작을 즐겁게 만들어 주었다. 이밖에도 무거운 트렁크를 덥석 들어주던 사람들과 길을 알려 준 사람들은 셀 수도 없이 많았다.

"익스 큐스 미"는 천사를 부르는 나의 주문이다. 여행 중에 갑자기 어려운 일이 닥치면 나는 주문을 외워 천사들을 불렀고 그들은 아무런 보상 없이 나를 도와주고 홀연히 떠났다.

도움을 주고도 나의 해결자로 자신을 선택해 주어서 고맙다는 표정까지 짓는 이들, 어이없을 만큼 감사한 사람들의 모습을 보며 나도 배운다.

나도 이제 누군가를 돕는 천사가 될 것이다. 여행이 준 가장 큰 선물이다.

굳는 건 비누뿐만이 아니다

식재료로 채워진 캐리어가 점점 비워져 가지만 우리 가방의 무게는 여전히 줄지 않고 있다. 덜어진 만큼 채워지는 것이 있기 때문이다.

비누는 이곳 프로방스의 특산품이다. 프로방스의 대부분 가게마다 각각 다른 모양과 향기를 지닌 마르세이유 비누가 진열되어 있다.

나는 TV 홈쇼핑에서 마르세이유 비누를 처음 알게 되었다. 쇼핑 호스트가 물을 묻힌 손으로 비누를 문지르면 거품이 뭉게구름처럼 피어오르고 얼굴을 씻은 뒤 피부를 확대해 보여 준 화면에는 세안 전과 세안 후가 확실히 달라져 보였다. 때마침 어린 외손녀가 태어났을 때라 손수 천연 비누라는 말에 선뜻 주문했다.

TV의 광고가 과장 광고만은 아니었던 것은 그 비누를 사용하는 동안에 화장실 안에 맴도는 좋은 향기가 있었다. 이곳 프로방스에서는 마르세이유 비누가 곳곳에 널려있다.

니스의 구 도시에 있는 시장에서 비누를 구입했다. 라벤더 향기가 은은하게 풍기는 마르세이유 비누 다섯 개를 사면 한 개를 더 준다고 한다. 상술에 혹해 무려 한 개의 무게가 400그램이나 되는 비누를 샀다.

칸에서 돌아오는 길에 잠시 앙티브에 들렀다. 앙티브의 시장은 볼거리가 많았다. 가까운 스페인과 아프리카에서 건너온 조형물과 술, 장식품들이 눈길을 끌었다.

시장 입구 좌판에 중년의 여인이 비누를 팔고 있었다. 입고 있는 앞치마와 투박하고 굵은 손마디가 마치 "이 비누는 제가 만들었습니다"라고 말하는 것 같았다.

직접 만들었냐고 물었더니 역시 자신이 만든 비누라고 한다. 식당에서 주인에게 이 집 음식 맛있냐고 물어보는 것처럼 어리석은 질문인 줄 알지만 그래도 왠지 자신이 만들었다고 하니 더 믿음이 갔다.

올리브 기름으로 만든 연두색 비누를 두 세트 구입했다. 한 세트에는 비누가 각각 세 개씩 들어있었다.

드디어 비누의 본고장 마르세이유에 왔다. 14세기 후반에 이곳에 비누 공장이 만들어지고 루이 14세가 이곳에서 만든 비누를 공인하였다는 기록이 있다. 마르세이유 비누는 왕의 비누였다가 지금은 비누의 제왕이 된 것이다.

이곳에서 만든 비누에는 모두 '사봉 드 마르세이유'라는 글자가 새겨져 있다. 비누의 색깔에 따라 사용한 기름의 종류도 다르다.

종려 기름으로 만든 것은 베이지색을 띠고 있고 올리브 기름으로 만든 것은 은은한 연두색 빛깔이다. 그밖에 꽃가루를 첨가하여 보라 분홍 노랑 등, 다양한 색깔의 비누가 있지만 무슨 색깔이든 천연 식물

성 기름으로 만들었기 때문에 프랑스 사람들은 어린아이의 몸을 씻기거나 옷을 세탁할 때는 마르세이유 비누를 즐겨 사용한다고 한다.

마르세이유 구 항구로 가는 길목에는 비가 와도 젖지 않게 쇼핑을 할 수 있는 기다란 회랑이 있고 회랑 안의 가게에서는 거의가 비누를 팔고 있었다. 비누의 본고장답게 갖가지 비누 조형물을 비롯하여 형형색색 아기자기한 비누들이 즐비하다. 나는 이곳에서 '사봉 드 마르세이유'가 뚜렷하게 찍힌 비누를 구입했다. 향기가 좋아서, 색깔이 예뻐서, 비누의 본고장이니까, 친구들에게 선물하려고, 다양한 이유를 들어 구입한 비누의 무게가 꽤 무거웠다.

"비누 장사할 껴?"

지금까지 잠자코 바라보고만 있던 남편이 드디어 볼멘소리를 하였다. 살림하는 여자들의 마음을 몰라서 하는 말이니 못 들은 척한다.

아직 라벤더 꽃이 피지 않은 세낭크 수도원은 라벤더 꽃향기보다 더 진한 향기가 기념품 샵을 가득 채우고 있다. 이곳의 수사들이 직접 기르고 말려서 제품으로 만든 향수와 비누, 화장품들이 향기의 주인공들이다.

마르세이유 비누는 올리브 기름이나 코프라 기름 종려 기름 등 천연 식물성 기름이 72퍼센트가 함유되었다고 하는데 왠지 이곳 수도원의 수도사들이 만든 비누는 그 비율을 정확하게 지켰을 것만 같았다. 그래서인지 비누의 향기가 지금까지 내가 산 비누와는 뭔가 다르게 느껴졌다. 좀 더 부드럽다고 할까, 시장에서 구입한 비누가 알코올처럼 진하고 금방 사라지는 향기였다면 이곳에서 파는 비누는 은은하면서도 잔잔하게 오래도록 남는 향기가 있다.

남편도 내 후각의 느낌에 동조하였다. 그것은 천천히 구입했더라면 이곳에서 맘에 드는 비누를 샀을 텐데 덜 좋은 상품을 미리 구입했다는 핀잔이 은근히 들어있는 동조였다. 격이 다른 향기와 만든 이들의 신뢰감이 또다시 내 지갑을 열게 하였다.

비누가 처음 만들어지고 나서 인간의 수명이 평균 20년이 늘었다고 한다. 비누는 인간이 만든 것 중에 가장 우수한 건강제품이다. 우리가 매일 사용하는 비누는 오래 두어도 상하지 않을뿐더러 어차피 사서 써야 할 물건이라면 조금 힘들어도 가져가는 게 옳다.

"비누는 썩지 않아 단지 조금 굳을 뿐이지"

굳는 건 비누뿐이 아니었다. 지금 우리 남편의 얼굴이 점점 굳어져 가고 있다.

쌀 팔러 갑니다
여행 중에 삼시 세끼

쌀이 떨어졌다. 여행 중에 쌀 팔러 가는 일이 우리에겐 참 재미있는 놀이처럼 즐겁다. 남편과 나는 텅 빈 쌀 봉투를 흔들며 우리들 삼식이처럼 너무 밥만 먹는 것 아니냐며 깔깔거리고 웃는다. 하루에 한 끼는 국과 밥을 먹어야 하는 남편의 한식 사랑은 해외라고 해도 예외는 아니다.

이번 여행은 우리 두 사람만을 위한 맞춤 여행이기에 음식도 우리 입맛에 맞춰서 먹기로 했다. 우리 입맛에는 당연히 한식이 최고였고 그래서 식사를 자유롭게 해 먹을 수 있는 민박과 에어 비 엔비, 아파트 호텔을 예약했다. 이곳에는 식기와 조리대가 있고 소금과 설탕, 식초 같은 기본양념이 준비되어 있어서 밥을 해 먹기에 전혀 불편이 없었다.

여행 중에 삼시 세끼를 다 챙겨 먹기는 힘들다. 그런데 우리 부부는 집에서와 마찬가지로 식사시간을 정확하게 챙겼다. 매일의 식단을 따로 기록했더라면 충분히 한 권의 책으로 만들고도 남을 만큼의 다채로운 식단이었다. 호텔에서 머무는 날을 제외하고 나는 매일 아침 식사를 준비했다. 여행 오기 전 집에서는 귀찮아서 하기 싫었던 부엌일들이 이곳에서는 왜 그렇게 재미있는 건지 그 또한 별일이다.

 여행 중에 만들어 먹은 음식은 간단한 레시피에 비하면 맛은 그럴듯하다. 밥이 뜸이 들기 시작하면 뚜껑을 열고 그 위에 양배추와 버섯을 얹어 놓으면 적당히 익은 나물밥이 된다. 이것을 양념장에 비벼 먹으면 훌륭한 버섯비빔밥이 완성된다. 비빔밥은 양념장 맛이다. 비빔밥의 한수는 뭐니해도 마지막 한방울 떨어뜨리는 참기름이 있어야 한다. 그것도 순 진짜 우리나라 참기름, 참기름을 어떻게 가지고 다니느냐고 묻는 사람이 있다. 아이들에게 약을 먹일 때 사용하는 물약 통은 밀폐가 잘되어서 내용물이 흐르지 않아 좋다. 딸이 알려준 꿀팁이다.

 표고버섯과 송이버섯의 맛을 함께 느낄 수 있는 송화 버섯을 넣어 만든 송화 버섯 볶음밥을 자주 만들어 먹었다. 마무리에 참기름 대신 트러플 기름을 살짝 떨어뜨리면 현지식이 된다. 미역국은 맑고 깔끔해서 볶음밥과 함께 먹으면 환상의 궁합이었다.
 마른미역은 가볍고 부피가 나가지 않아서 가지고 다니기도 편했지만 국으로 끓이기도 쉬웠다. 미역을 물에 불린 뒤 참기름에 볶다가 물만 부어서 끓이면 손쉽고도 맛있는 국이 된다.
 아침에 빵을 먹다가 어느 날 미역국을 만들어 먹은 뒤부터 우린 아침에도 밥을 먹게 되었다. 밤늦게까지 와인을 마시고 잠자리에 든 날은 아침 해장국으로는 더없이 좋았다.

　유럽의 레스토랑은 점심시간이 짧다. 오후 한 시 이후가 되면 어김없는 브레이크 타임이라서 식사는 팔지 않고 대신 간단한 간식 정도만 팔기 때문에 배가 고프지 않아도 제시간에 밥을 먹어야만 했다. 어느 날 점심을 먹으러 레스토랑을 들어갔는데 마침 브레이크 타임이었다. 할 수 없이 소카 한 잔과 커피로 점심을 대신해야만 했다.

　그다음 날부터 김밥으로 도시락을 준비했다. 도시락을 준비해서 나간 날은 여유롭게 여행을 즐길 수 있었다. 시간에 구애받지 않고 아무 때나 먹을 수 있기 때문이다. 청양고추를 듬뿍 넣어 무친 매콤달콤한 오징어 자반을 속 재료로 넣은 김밥은 만들기도 쉽고 먹기도 쉬운 최고의 간편식이다. 햄버거를 손에 들고 다니며 먹는 현지인들처럼 언제라도 꺼내 먹을 수 있어서 좋았다.

　여행자들이 손쉽게 해 먹는 라면은 부피가 크고 건강에도 별 도움이 되지 않으므로 우리 여행에서는 준비하지 않았다. 대신 쌀뜨물에 캔 김치를 넣고 끓인 김칫국이 라면보다 더 끓이기 쉽고 맛도 좋았다.

　김치야말로 누구나 좋아하는 반찬이다. 비 오는 날, 니스의 민박집에서는 김치전을 만들어서 여행 온 젊은 친구들과 함께 나누어 먹었다. 독일에서 공부하다가 잠깐 이곳으로 여행을 온 한 여학생은 김치전을 보고 거의 울기 직전이었다. 음식을 함께 먹으면서 우리는 쉽게 친해졌다.

　여행 중에 그곳의 음식을 사 먹어 보는 것도 문화를 이해하는 데 도움이 된다. 하지만 하루 세끼를 모두 사 먹게 된다면 우리의 통장

보다도 우리의 위장이 더 부담될 것 같았다. 프랑스는 아무리 허름한 레스토랑이어도 음식은 모두 맛이 있었기 때문이다. 특히 소고기가 일품이었다. 현지식으로 해결한 저녁 식사로는 남편은 무조건 스테이크를 주문하고 나는 그 음식점에서 추천하는 음식을 시켰다. 하루에 한 끼 외식인 만큼 우리의 저녁 만찬상은 언제나 푸짐했다.

아침밥에 이어 점심 도시락까지 준비하다 보니 쌀은 금방 떨어진다. 1킬로그램이 들어있는 쌀 한 봉투는 1.7 유로, 커피 한 잔보다도 싼 가격이었다. 시장이나 슈퍼에서 장을 보는 것도 여행의 즐거움이다.

생선은 깔끔하게 손질해 주고 커다란 생선도 먹을 만큼 잘라서 팔기 때문에 부담이 없었다. 쌀은 알맹이가 작은 것을 구입하면 우리가 평소 먹는 식감처럼 부드러운 밥이 되었다. 어느 나라나 식재료는 다양하게 구비되어 있기 때문에 양념만 꼼꼼히 준비한다면 하루 한끼 식사는 만들어 먹을 수 있다.

현지인들처럼 시장에서 식재료를 구입하는 일도 즐거운 경험이다. 사 먹는 음식은 비싸지만 식재료 값은 너무나 저렴해서 자꾸만 내가 돈을 덜 냈나 계산하게 된다. 아비뇽에서는 삼겹살 300그램과 맥주 두 캔, 음료수. 한 병 애플 망고 한 개와 오이 상추를 샀는데도 우리 돈 만 원이 채 들지 않았다. 이곳에서는 언제라도 누릴 수 있는 만원의 행복이다.

"쌀이 또 떨어졌네?"
"벌써?"

남편은 쌀을 팔러 나가고 나는 착한 아낙네처럼 남편을 기다린다.

바르셀로나의 노란 리본

아침에 눈을 뜨자마자 창밖으로 사그라다 파밀리아 성당의 지붕이 보였다. 프로방스 여행을 마치고 이곳 스페인의 바르셀로나에서 여정의 마무리를 하기로 한 우리 부부는 어젯밤 늦게 아비뇽에서 TGV를 타고 이곳에 도착했다.

스페인은 가우디를 들지 않고는 어떤 말도 할 수 없다. 도시 어디에나 가우디로 인한, 가우디에 의한 가우디의 건축물이 세워져 있기 때문이다. 가장 첫 번째 작품은 아직도 미완성인 채 여전히 짓고 있는 사그라다 파밀리아 성당이다.

사그라다 파밀리아 성당 옆에 있는 에어 비 앤 비를 숙소로 정한 일은 참 잘한 일이었다. 햇빛이 비치는 방향에 따라 다르게 보이는 성당의 모습은 이곳에 있는 일주일 동안 물리도록 바라봐도 좋을 창밖 풍경이다.

도시 민박으로 이 집을 정했을 때 사진에 소개된 창문 밖 풍경이 이렇게 가까이 있을 것이라고는 상상하지 못했다. 밤중이었지만 수

월하게 숙소를 찾을 수 있었던 것도 어디에서나 보이는 사그라다 파밀리아 성당의 첨탑 때문이다.

아침에 일어나서 맨 먼저 우리의 발이 되어 줄 자전거를 빌렸다. 이곳의 도로는 일방통행이 많았다. 내렸던 곳의 건너편에서 타면 돌아오게 되는 우리나라 도로교통 방식과 달라서 초행길에 버스를 이용하기는 조금 복잡했다. 하지만 무엇보다도 자전거 도로가 잘 만들어져 있어서 자전거를 타고 여행하기가 너무나 편리했다.

아침에는 사그라다 파밀리에 성당이 모닝 인사를 하고 조식은 구엘 공원의 탁 트인 정원에서 먹는 여행을 꿈꿔본 적이 있으신가요? 어느 여행사의 광고 문구가 아니다. 바로 이번 여행의 마지막 도시인 바르셀로나에서 우리가 경험하고 있는 여행이다.

이 럭셔리한 여행은 우리의 발이 되어준 자전거를 빌리면서 가능해졌다.

매일 아침 나는 커피와 함께 설탕을 듬뿍 묻힌 추로스를 준비해서 자전거 앞 소쿠리에 싣고 구엘공원의 언덕길을 올라갔다. 시내의 정경이 한눈에 보이는 언덕에 있는 구엘 공원은 자전거를 끌고 올라가기에는 조금 힘들었지만, 가우디의 상상력이 듬뿍 담긴 기다란 타일 벤치에 앉아서 마시는 한 잔의 커피 맛을 위해서라면 충분한 가치가 있는 고생이었다.

자전거를 타고 바르셀로나 골목 구석구석을 누비며 가우디의 자취를 찾아다니는 여행은 걷는 것보다 편하고 대중교통을 이용하는 것보다 빨라서 좋았다.

사그라다 파밀리아 성당은 해 질 녘 창문으로 깊숙이 들어오는 햇빛이 스테인드글라스를 통과하여 비칠 때가 가장 아름답다. 어떤 건축물을 마주하였을 때 웅장하거나 아름답거나 정교하다는 표현을 하는데 파밀리아 성당은 자연 속에 들어온 것 같다.라는 표현이 가장 적절하다. 마치 정글 숲속에 들어온 것 같은 성당의 내부는 우뚝 솟은 종려나무 기둥과 낙하산처럼 널찍한 구름을 타고 내려오는 듯한 예수 성상이 기존의 근엄하기만 한 성당의 모습과는 사뭇 다르다. 성당 외벽을 장식한 벽면의 파사도는 한 권의 성경책을 그대로 읽어 주고 있는 것처럼 보인다.

십 년 전 내가 여행을 왔을 때, 사그라다 파밀리아 성당은 내부 공사 중이었다. 지금은 거의 완공이 된 내부를 보며 또다시 십 년 후에는 어떤 모습으로 지어졌을까? 를 상상해 보았다.

시내에 있는 카사밀라와 카사 바트요는 사람들이 살고 있는 빌라다. 카사는 스페인어로 집이라는 뜻이고 밀라와 바트요는 집주인의 이름이다. 최고의 건축가가 지은 집에서 살았던 밀라와 바트요 씨는 얼마나 행복했을까? 예쁜 집 구경하기가 취미인 나에게 이 아름다운 빌라를 구경할 수 있는 시간은 최고의 취미활동이었다.

가우디의 건축에서는 직선을 찾을 수 없다. 직선의 합으로 곡선을 그렸다. 그래서 부드럽고 온화해 보인다. 카사밀라 건물을 지을 때 가우디는 참 행복했을 것 같다는 생각을 했다.

"이 굴뚝은 장난감 병정의 모자를 씌워 주어야겠어"

"옥상으로 올라가는 천장은 고래의 배 속처럼 보이게 하고 싶어"

"계단은 달팽이처럼, 현관문 잡이에는 라일락 꽃잎을 달 거야, 베란다 창 살은 매머드의 뼈로 장식해야겠군"

집 안 여기저기에서 마치 어린아이들이 놀이하듯 즐기면서 일을 한 흔적이 보인다. 반나절 동안을 이곳저곳을 둘러보면서 가우디라는 사람에게 빠져들었다.

나의 아들은 건축을 전공하고 지금 설계를 하는 회사를 운영하고 있다. 처음 사업을 시작했을 때 나는 사업가로서 자질을 갖추기를 원했다. 인맥관리 경영철학 사회성 등, 그때 즐겁게 일하라는 말을 빠트렸다. 자신의 일을 즐겁게 하는 사람은 이렇게 바라보는 이도 즐겁게 한다.

스페인도 국민 간에 갈등이 있는 듯하다. 분리독립을 요구하는 카탈루니아 자치 정부와 이를 제지하는 스페인 중앙정부의 불협화음이 지속되고 있다.

거리에는 한 무더기 사람들이 냄비 등 집기들을 두드리며 시위를 하고 도심의 건물마다 노란 리본이 걸려있다. 세월호 침몰을 애도하며 우리들이 가슴에 하나씩 달고 다녔던 노란 리본과 똑같은 모양의 리본이지만 이곳의 리본은 우리의 추모의식과는 의미가 다르다. 집집마다 또는 건물마다 붙여놓은 노란 리본은 바르셀로나(카탈루니아) 시민들이 스페인으로부터 분리 독립되기를 희망하는 요구의 표현이라고 한다.

내가 머물렀던 도시민박집 주인은 시내에서 레스토랑을 운영하고 있는 요리사였다. 휴일 저녁에 자신이 손수 만든 요리로 우리와 함께 식사하는 자리를 마련했다. 식사 중에 분리독립에 관하여 이야기를 나눴다. 그는 자신들이 내는 세금으로 스페인의 다른 도시 사람들을 먹여 살리고 있다며 하루빨리 분리독립을 해야 한다고 말했다. 바르셀로나의 시민들도 대부분 자신과 같은 생각을 하고 있다고 한다. 따라주던 토마토 주스가 잔에 넘치는 것도 모른 채 흥분하고 있었다.

남 프랑스를 여행하면서 수많은 예술인의 흔적을 보았다. 그들이 남긴 예술작품은 단지 자신들의 생에서 마무리된 것이 아니라 후손들의 삶까지 풍요롭게 만들어 주었다. 나아가서는 그 도시가 계속 유지될 수 있는 영향력까지도 갖고 있었다.

이곳 바르셀로나도 건축가 가우디가 먹여 살린다는 말이 틀린 말이 아니었다. 일 년 내내 관광객의 발길이 끊이지 않는 사그라다 파밀리아 성당이나 구엘 공원, 카사 바트요와 카사밀라. 그 밖에도 금잔화가 그려진 타일로 마감한 개인 주택 카사 비센스와 카사 깔밧등. 천재 건축가 가우디의 작품들은 그가 죽고 난 후 지금까지, 또는 앞으로도 영원히 바르셀로나의 보물이며 그들 삶을 이어 줄 재산이 될 것이다.

가우디 역시 카탈루니아에서 탄생한 최고의 건축가다. 한 사람의 예술가가 자기 민족에게 부를 가져다주고 있다. 하지만 자연을 사랑하고 부드러운 선을 지향한 가우디의 마음을 헤아려 보지 않을 수 없다.

가우디는 살아생전에 산파우 병원에 있는 환자들이 성당의 첨탑이 잘 보이게 하기 위해서 병원 건물을 45도쯤 틀어지게 만들어 달라고 제안했다고 한다. 이 한마디 말만으로도 나는 가우디의 인간적인 배려를 느낄 수 있었다. 그가 살아있었다면 시내 곳곳에 걸린 노란 리본을 보면서 어떤 생각을 했을까?

대부분 사람은 부랑자처럼 길 위에서 쓸쓸하게 생을 마감한 가우디를 연민한다. 하지만 그가 만든 건축물을 만지고 걷고 바라보면서 내가 만난 가우디는 절대로 안타까운 사람이 아니었다.

그는 무척이나 행복한 고뇌를 하며 자신의 인생을 눈금처럼 정확하게 계산하고 즐겁게 완성하며 살았던 누구보다도 행복한 사람이라는 생각이 든다.

안토니오 가우디, 그의 예술정신을 나는 사랑한다. 가우디를 향한 나의 사랑은 카탈루니아 독립을 외치는 사람들과는 결이 다른 사랑이다.

에필로그

소중한 것은 가장 가까이에 있다

제가 마음으로부터 바라는 것을 찾게 된다면 우리 집 뒷마당보다 더 멀리 가진 않을 거예요. 왜냐면 거기에 없다면 처음부터 잃어버린 게 아니었을 거니까요.

- 라이먼 프랭크 바움 『오즈의 마법사』 중에서

봄에서 여름으로 가는 계절의 프로방스는 어느 곳이나 싱그러운 풍경이었다. 양귀비가 절정을 이룬 들판에는 라벤더가 열심히 꽃잎을 피울 준비를 하며 자신의 차례가 오기를 기다리고 있다. 지구에도 오체가 있다면 이곳 프로방스는 지구의 겨드랑이쯤이 아닐까 생각한다. 따뜻하고 푸근하며 살짝 건들기만 하여도 간지러운 미소가 번질 것 같은 프로방스의 수줍은 풍경들, 나만 은밀하게 감춰두고 보고 싶은 정경이 곳곳에 있었다.

　살면서 한 번쯤 중요한 결정을 내려야 할 때가 있다. 그 결정의 옳고 그름은 훗날 살아가면서 천천히 알게 된다. 여행을 하는 동안 이곳을 오지 않았더라면 어땠을까 라는 생각을 자주 했다. 그곳에 가지 않고도 볼 수는 있지만, 그곳에 가지 않았더라면 느낄 수 없는 것들이 매일매일 차고 넘쳤기 때문이다.

　바닷가에 널린 수많은 돌멩이 중에서도 나에게 의미 있는 자갈이 있듯이 매일이 새로운 여행 중에 소중한 것들을 발견했다. 그 첫 번째 보물은 사람을 만나는 것이다.
　니스의 민박집에서 많은 사람을 만났다. 내가 만난 사람들은 거의 내 아이 또래의 젊은이들이었다.
　여행이라는 게 참 신기하다. 여행자라는 동질감 하나로 세대 차이의 벽이 허물어지고 스스럼없이 울타리를 열어 준다. 저녁이면 모여서 와인 한잔으로 친구가 되었고 대화가 무르익으면 우리는 모두 자신의 환부를 드러냈다. 직장생활의 환멸, 인간관계의 갈등, 불안한 미래 등, 나는 그들의 고민을 통해 내 아이들을 바라보았고 그들을 이해하는 법을 배웠다. 누군가를 이해하고 상대편에 서서 생각하는 것, 이런 소중한 경험과 깨달음은 여행을 떠나지 않았더라면 알 수 없는 것들이다.

　여행을 함께 하면서 인생의 동반자에 대한 믿음과 신뢰가 생긴 것 또한 여행이 준 귀한 선물이다.

결혼생활이 40년쯤 넘어서면 부부는 오랜 친구가 된다. 사이좋은 친구가 되기도 하고 무덤덤한 친구가 되기도 한다. 서로에게 지루함을 느낄 때쯤의 우리는 여행 후 꽤 두터운 우정을 쌓은 부부가 되어 돌아왔다. 여행 중에 서로 의견이 맞지 않아서 혼자서 보낸 두 시간이 있었다. 낯선 곳에서 혼자 있었던 두 시간 동안 나는 남편의 부재가 얼마나 큰 두려움을 가져다주는지 알게 되었다. 이제는 늙어가는 일만 남아 있는 줄 알았는데 늙어가면서도 사람은 자라고 있었다. 여행은 인간의 영혼을 성장시키는 촉진제라는 생각이 든다.

여행은 고난의 상처를 다스려 주기도 한다. 몬세라토를 가는 길에 배낭에 조개껍데기를 매달고 있는 산티아고 순례자 부부를 만난 것은 우연이었다. 자신들에게 닥친 커다란 상처를 이번 순례를 통해 치유하고 있는 중이라고 한다. 부부의 배낭 위에 하얗게 먼지가 쌓여있다. 아픈 여행처럼 보인다. 단지 즐기기 위해서만 여행을 떠나는 것은 아니었다.

여행 중에 마음을 움직이게 하는 것은 셀 수 없이 많다. 아름다운 경치를 만났을 때와 위기를 무사히 넘겼을 때, 함께 고생하고 무언가를 이루어 냈을 때, 그리고 길 위에서 누군가를 만났을 때, 그 순간에 느끼는 감동은 어마한 힘이 있다.

인생 또한 여행과 다를 게 없다. 살면서 힘들고 어려울 때 누군가에게 도움을 받고 극복하며 서로를 의지하며 위기를 넘긴다. 이런 감동의 순간을 기억한다면 상처는 덧나지 않고 아픔을 잊게 할 수도 있겠다.

여행의 마지막 장소를 몬세라트 수도원으로 정한 것은 여행의 마무리를 감사의 미사로 마치고 싶었기 때문이었다. 몬세라트 수도원 성당의 미사는 이미 시작되고 있었다. 길게 늘어선 사람들을 따라 검은 마리아상LA Moreneta 앞으로 갔다.

우리의 여정에 도움을 준 사람들이 생각났다. 엄마 아빠가 여행을 떠난 뒤 보호자처럼 우리를 염려해 주던 아이들과. 길 위에서 만난 천사들, 이 여행을 혼자가 아닌 둘이 함께 할 수 있었음을 감사하는 기도를 드렸다.

스스로 만든 계획표대로 생활하고 방학을 마친 뿌듯함이라고 해야 할까? 인생에서 뭔가 하나를 이루어 낸 느낌이 든다.

몬세라트 에스콜라니아 소년 합창단의 고운 선율이 울려왔다. 소년들의 아름다운 노래를 들으며 맑고 청명한 물속에 온몸을 담그고 있는 기분이 들었다.

이 기억 하나만으로도 앞으로 나는 오랫동안 행복할 것만 같다.